―Minna no Nihongo―

민나노 日本語
기초 漢字 ②

신야 마키코 外 공저

㈜ 시사일본어사
book.japansisa.com

머리말

　한자를 읽고 쓰는 능력을 습득하는 것은 한자라고 하는 문자에 친숙하지 않은 학습자에게 있어서 학습상 큰 장해가 되고 있습니다. 그러한 학습자에게 일본어의 표기 시스템은 매우 기묘한 것이며, 한자라고 하는 문자는 적당한 직선과 곡선 그리고 점으로 완성된 무질서한 도형처럼 보입니다. 그래서 학습자가 이러한 한자나 일본어의 표기 시스템을 보고 일본어 공부를 주저하는 것은 당연하다고 말할 수 있습니다. 또, 일부 학습자가 한자 학습을 포기하고, 일본어 회화만을 공부하려고 하는 것도 어느 정도 이해할 수 있습니다. 그러나, 적절한 방법으로 공부하면 언뜻 보고 생각하는 만큼 대단한 것이 아닙니다. 또, 자신의 언어와는 전혀 다른 일본어 표기 시스템을 알기 시작하면 반드시 언어의 신기함이나 재미를 느낄 것입니다. 옛날 로마인은 「학문에는 왕도가 없다」고 했습니다. 그러나, 학문에는 「적절한 길」은 있습니다. 이 한자책은 여러분을 그 적절한 길로 이끌어 줍니다. 이 책으로 공부하면 한자나 한자어 등에 대해 여러 가지를 알아가면서 한자를 포함한 일본어의 읽고 쓰기 능력을 즐겁게 습득할 수 있습니다.

　　　　　　　　　　　　　　　　　　　　　　　　　　　　　니시구치 코이치

해설

>> 이 책의 특징

이 책은 『민나노 일본어 초중급』의 한자 학습서로서 쓰여진 것입니다. 그러나, 이 책이 목표로 하는 것은 단지 교과서에 나오는 한자나 한자어*를 공부하는 것이 아닙니다. 이 책은 개개의 한자나 한자어를 학습할 뿐만 아니라 일반적인 한자 능력과 일본어의 문장체에 관한 기능 습득도 목표로 하고 있습니다.

한자를 외우기 위해서는 개개의 한자나 한자어를 몇 번씩 쓰고, 읽는 법을 그대로 암기할 수 밖에 없다고 생각하는 사람이 많은 듯 합니다. 그렇지만 실제로는 그렇지 않다고 생각합니다. 또 한자 체계를 기본으로 하는 한자 교재가 편찬되기도 합니다만 이것도 그다지 좋은 방법은 아니라고 생각합니다. 그 이유는 한자 체계라고 하는 것은 극히 부분적인 체계이며 또 그러한 방식은 학습자에게 모르는 단어를 많이 외워야 하는 부담을 강요하게 됩니다. 한자나 한자어는 잘 알고 있는 말, 또는 익숙한 문장이나 문맥 안에서 학습하고 그것과 병행해 한자나 한자어의 체계에도 주목하는 형태로 공부하는 것이 가장 유효한 공부 방법이라고 저희들은 생각합니다. 이렇게 공부하면 학습자는 단지 일정한 수의 한자나 한자어를 외우는 것 뿐만 아니라 일반적인 한자 능력의 기초 실력을 형성할 수 있고 또 일본어의 문장체의 기능을 향상시킬 수 있습니다. 그리고 그러한 공부법은 폭 넓게 일본어 학습을 촉진시킵니다.

아래 해설처럼 학습 한자와 학습 한자어의 선택에 있어서는 교과서, 일본어 능력시험 한자와 어휘리스트 (『일본어 능력 시험 출제 기준』(1997, 국제 교류 기금, 범인사))를 참조했습니다. 그래서 이 책은 『민나노 일본어 초급』의 부속 한자 교재로서 뿐만 아니라 일반적인 기초 한자 교재로도 사용할 수 있습니다.

*한자어 = 표기할 때 한자로 쓰여지거나 한자와 보완적인 히라가나로 쓰여지는 말을 총칭해 한자어라고 부른다.

>> 학습 한자와 학습 한자어

이 책에서는 298자의 한자 및 422어의 한자어를 학습 항목으로 선택했습니다.

≫ 이 책의 개요

1. Lesson 21 ~ Lesson 22

『민나노 일본어 기초한자1』에서 학습한 한자와 한자어의 복습입니다. 한자의 자형에 주의하면서 학습해 주세요.

2. Lesson 23

『민나노 일본어 초급』에서 학습한 어휘중에는 『민나노 일본어 기초한자1』에서 학습한 한자로 쓸 수 있는 어휘가 있습니다. 이 단원에서는 그러한 한자어를 학습합니다. 즉 이미 배운 한자를 다른 어휘로 한 번 더 학습하는 것입니다.

3. Lesson 24 ~ Lesson 25

『민나노 일본어 초급』에서 학습한 어휘중에서 20자의 한자를 학습합니다.

4. 주 단원 : Lesson 26 ~ Lesson 50

『민나노 일본어 초중급』제 26 과에서 제 50 과에 해당하는 단원입니다. Lesson26 은 제 26 과, Lesson27 은 제 27 과, …Lesson50 은 제 50 과와 같은 식으로 이 책의 각 과와 1 대 1 로 대응하고 있습니다 . 각 단원 학습 한자와 학습 어휘는 해당하는 과의 신출 어휘에서 주로 선택했고, 그 외에 그 이전의 과에서 학습한 어휘에서도 선택했습니다. 교과서로 각 과 학습을 끝낸 후에 각 단원을 교재로 한자와 한자어를 학습해 주세요.

5. 복습

Lesson26 에서 Lesson50 까지는 5 단원마다 복습 페이지를 준비했습니다. 복습 페이지는 그 때까지 학습한 한자에 대해서 한자나 한자어 체계에 대한 의식을 높이면서 종합적으로 복습하는 페이지 입니다.

6. 퀴즈

이 책의 말미에 단원 Lesson23에서 Lesson50의 각 단원에 해당하는 퀴즈가 있습니다. 공부한 지식의 확인이나 소테스트로 이용해 주세요.

7. 참고서

참고서에는 **학습 한자와 한자어, 학습 한자어 색인, 학습 한자 부수 색인, 학습 한자 리스트**가 포함되어 있습니다. 참고서는 이름대로 이 책으로 한자를 학습할 때 필요에 따라서 참고해야 합니다. 참고서를 활용하는 것으로 보다 체계적이고 발전적으로 한자를 학습할 수 있습니다.

학습 한자와 한자어에는 298자의 학습 한자와 그것을 포함한 한자어, 그 외 관련 정보가 제시되어 있습니다. 학습 한자는 자형의 구성요소 마다 배열되어 있습니다. 각각의 학습 한자에는 한자 번호가 있습니다. 이 책의 각 단원 서두 페이지 상부에 있는 학습 한자에도 이 한자 번호가 있습니다.

학습 한자와 한자어에 있어서의 학습 한자 배열은 **학습 한자 부수 색인**에 있습니다. 색인의 각 자형 구성 요소 밑에는 『민나노 일본어 기초한자1』에서 학습한 한자도 제시되어 있습니다.

학습 한자와 한자어 색인에는 422어의 학습 한자가 あいうえお순으로 제시되어 있고 한자어를 학습하는 단원이 표시되어 있습니다. 아울러 그 한자를 구성하는 한자가 한자 번호가 달린 형태로 제시되어 있습니다.

학습 한자 리스트에는 『민나노 일본어 기초한자1』과 이 책에서 학습하는 모든 한자가 한자 번호순으로 제시되어 있습니다.

>> **각 단원의 구성(Lesson 24에서 Lesson50까지)**

각 단원은 4페이지로 구성되어 있습니다. 처음 두 페이지는 그 단원에서 학습하는 한자와 한자어를 학습하는 페이지입니다. 페이지 위에 그 단원에서 학습하는 한자가 제시되어 있습니다. 학습 한자에 있는 번호는 참고서의 **학습 한자와 한자어**에 있어서의 한자 번호와 대응하고 있습니다. 다음 두 페이지는 척척 한자박사와 한자의 달인 페이지입니다. 단 Lesson24와 Lesson25는 두 페이지로 구성되어 있습니다.

처음 두 페이지는 「술술 읽는 법 익히기」, 「바로바로 써 먹는 사용법」 및 「쓱쓱 쓰는 법 익히기」으로 되어 있습니다. 「술술 읽는 법 익히기」에서는 그 단원에서 학습하는 한자와 한자어가 제시되어 있습니다. 「술술 읽는 법 익히기」에는 그 단원에서 학습하는 한자와 한자어가 제시되어 있습니다. 「술술 읽는 법 익히기」 A 에서는 새로운 한자와 한자어, 「술술 읽는 법 익히기」 B 에서는 이미 배운 한자로 쓸 수 있는 새로운 한자어가 각각 제시되어 있습니다. 새로운 한자는 굵은 글씨로 되어 있습니다. 「바로바로 써 먹는 사용법」에서는 학습 한자어를 예문안에서 읽는 연습을 합니다. 학습 한자어는 굵은 글씨로 되어 있습니다. 그 단원의 학습 사항이 아닌 한자어에는 모두 읽는 법이 달려 있습니다.

척척 한자 박사는 단원 정리와 복습니다. 학습 한자의 자형의 특징이나 다른 읽는 법, 또 숙어의 구성이나 학습 한자어의 어법을 주로 학습합니다. 한자어를 도식적으로 정리한 것이나 한자어 읽는 법을 연습하기 위한 문장도 필요에 따라서 제시하고 있습니다. 그 단원의 학습 사항이 아닌 한자어에는 모두 읽는 법이 달려 있습니다.

>> **이 책의 사용법**

우선 처음에 Lesson21에서 25까지 공부해 주세요. 그리고 Lesson26부터는 『민나노 일본어 초중급』의 각 과가 끝난 시점에서 각각의 단원을 공부해 주세요.

머리말

해설

*각 Lesson 아래는 민나노日本語 초중급에 대응하는 과를 나타냄

Lesson 21 ··· 2
25 과까지

Lesson 22 ··· 6
25 과까지

Lesson 23 ·· 10
25 과까지

Lesson 24 試 験 問 題 答 用 台 始 集 研 究 ··· 12
25 과까지　361 379 516 510 447 241 460 306 467 348 425

Lesson 25 飯 場 正 世 界 急 特 洋 不 ············ 14
25 과까지　375 292 236 237 440 406 325 283 230

Lesson 26 絵 議 辞 柔 駐 帽 湯 横 遠 欲 遅 ······ 18
26 과까지　354 364 359 466 378 323 290 331 506 388 505

Lesson 27 景 色 声 所 具 鳥 昔 夢 回 泳 座 走
27 과까지　435 402 421 387 438 518 468 413 512 277 488 420

　　　　　役 ··· 22
　　　　　268

Lesson 28 形 品 慣 説 将 力 熱 心 眠 優 選 通
28 과까지　386 418 302 362 303 221 475 231 344 267 508 502

　　　　　経 ··· 26
　　　　　352

| **Lesson 29** 29 과까지 | 喫 312 | 辺 497 | 神 336 | 妻 462 | 忘 471 | 側 263 | 落 414 | 消 285 | 汚 273 | 割 383 | 全 400 | …… 30 |

| **Lesson 30** 30 과까지 | 皿 240 | 隅 296 | 机 326 | 引 305 | 箱 449 | 予 229 | 定 424 | 冷 254 | 置 439 | 掛 321 | 片 228 | 復 272 |

約
350 ·· 34

복습 1(Lesson30 까지) ·· 38

| **Lesson 31** 31 과까지 | 空 426 | 港 289 | 文 396 | 務 349 | 園 513 | 飛 252 | 機 333 | 普 469 | 式 248 | 受 444 | 卒 398 | 業 445 |

連 残
503 339 ·· 40

| **Lesson 32** 32 과까지 | 風 514 | 星 434 | 雪 453 | 夕 222 | 牛 227 | 乳 380 | 最 436 | 勝 343 | 負 405 | 続 355 | 直 401 | 治 280 |

登 戻
452 493 ·· 44

| **Lesson 33** 33 과까지 | 付 256 | 角 404 | 交 397 | 席 487 | 荷 409 | 以 234 | 触 369 | 吸 308 | 伝 258 | 投 315 | 曲 243 | …… 48 |

| **Lesson 34** 34 과까지 | 塩 293 | 番 477 | 号 417 | 甘 225 | 辛 441 | 苦 407 | 細 351 | 踊 370 | 磨 490 | 換 322 | 質 450 | …… 52 |

| **Lesson 35** 35 과까지 | 島 517 | 村 327 | 葉 412 | 緑 356 | 活 281 | 向 515 | 珍 341 | 変 464 | 捨 320 | 拾 319 | …… 56 |

복습 2(Lesson35 까지) ·· 60

Lesson 36	工	記	耳	歯	野	菜	低	太	弱	若	別	打	
36 과까지	224	360	244	431	371	411	260	226	250	408	382	314	
	過	違	必										62
	504	507	232										

Lesson 37	米	寺	船	械	呼	頼	注	招	輸				66
37 과까지	233	419	358	334	310	393	282	318	368				

Lesson 38	枝	岸	卵	橋	冊	製	無	難	易	散	育		
38 과까지	329	422	251	332	242	482	455	392	433	390	479		
	亡												70
	235												

Lesson 39	震	狭	代	恥	困	死	配	倒	並	勢	途		74
39 과까지	454	304	257	366	511	340	372	264	245	457	501		

Lesson 40	都	合	表	返	次	個	危	険	要	決	込	発	
40 과까지	385	399	481	498	253	262	403	295	463	274	496	451	
	調	初											78
	363	347											

복습 3(Lesson40 까지) 82

Lesson 41	祝 335	菓 410	舞 456	産 442	果 247	靴 376	宿 428	祖 337	袋 483	法 279	取 365
41 과까지											

替 470 84

Lesson 42	石 458	済 287	政 389	化 255	律 271	際 298	厚 486	薄 415	包 430	沸 278	 88
42 과까지											

Lesson 43	符 448	枚 328	暑 437	寒 429	暖 342	涼 286	咲 311	払 313	増 294	迎 499	 92
43 과까지											

Lesson 44	頭 394	顔 395	髪 465	倍 261	由 239	押 316	痛 495	静 374	泣 276	笑 446	 96
44 과까지											

Lesson 45	贈 367	点 474	皆 476	速 500	念 472	覚 443	働 265	練 357	絡 353	 100
45 과까지										

복습 4(Lesson45 까지) 104

Lesson 46 (46 과까지)	薬 416	億 266	彼 269	洗 284	濯 291	乾 373	焼 324	渡 288	········· 106
Lesson 47 (47 과까지)	祭 480	科 346	庭 489	報 377	性 300	歳 432	怖 301	吹 309	········· 110
Lesson 48 (48 과까지)	徒 270	息 473	娘 307	留 478	君 461	忙 299	届 492	遊 509	久 223 ········· 114
Lesson 49 (49 과까지)	灰 485	貿 484	存 491	階 297	様 330	召 459	寄 427	疲 494	勤 381 泊 275 ········· 118
Lesson 50 (50 과까지)	宅 423	段 391	両 238	私 345	郊 384	放 338	拝 317	参 249	伺 259 申 246 ········· 122

복습 5(Lesson50 까지) ········· 126

퀴즈 ········· 129

퀴즈해답 ········· 157

참고서
학습 한자와 한자어
학습 한자어 색인
학습 한자 부수 색인
학습 한자 리스트

Lesson 21~25

1. Lesson 21~22

『민나노 일본어 기초한자1』에서 학습한 한자와 한자어의 복습입니다. 한자의 자형에 주의하면서 학습해 주세요.

2. Lesson 23

『민나노 일본어 초급』에서 학습한 어휘중에는 『민나노 일본어 기초한자1』에서 학습한 한자로 쓸 수 있는 어휘가 있습니다. 이 단원에서는 그러한 한자어를 학습합니다. 즉 이미 배운 한자를 다른 어휘로 한 번 더 학습하는 것입니다.

3. Lesson 24~25

『민나노 일본어 초급』에서 학습한 어휘중에서 20자의 한자를 학습합니다.

Lesson21

イ 1　3時ですね。ちょっと**休んで**、お**茶**でも**飲**みませんか。　　**休んで**
　　　　　　　　　　　　　　　　　　　　　　　　　　　　　　　　やす

　2　A：**何を作って**いますか。　　**何、作って**
　　　　　　　　　　　　　　　　　　なに　つく
　　　B：カレーを**作って**います。

　3　**近**くに**図書館**がありますから、**便利**です。　　**便利**
　　　ちか　としょかん　　　　　　　　　　　　　べんり
　　　よく**本**を**借り**に行きます。　　**借り**
　　　　　ほん　　か　　　　　　　　　　　　か

　4　A：**仕事**が**終**わったら、**飲**みに行きませんか。　　**仕事**
　　　　　しごと　お　　　　　の　　　　　　　　　　しごと
　　　B：すみません。**体**の**調子**がよくないんです。　　**体**
　　　　　　　　　　からだ　ちょうし　　　　　　　　　　からだ

　5　**兄**は**中国**に**住んで**います。**弟**はタイに**住んで**います。　　**住んで**
　　　あに　ちゅうごく　す　　　　　おとうと　す　　　　　　　　　　す

イ 6　**銀行**は**午後**3時までです。**今**、2**時半**です。　　**銀行、午後**
　　　ぎんこう　ごご　じ　　　　いま　じはん　　　　　　　ぎんこう　ごご

　7　A：**今**、ホテルに**着**きました。
　　　　　いま　　　　　つ
　　　B：すぐ**行**きます。ロビーで**待**っていてください。　　**行き、待って**
　　　　　　　い　　　　　　　　　　ま　　　　　　　　　　　い　　ま

シ 8　**一人**で**飲**む**酒**はおいしくないです。　　**酒**
　　　ひとり　の　さけ　　　　　　　　　　　　　さけ

　9　すみません。この**漢字**の**読**み**方**を**教**えてください。　　**漢字**
　　　　　　　　　　かんじ　よ　かた　おし　　　　　　　　　　かんじ

　10　**夏休**みに**海**へ**行**きます。**早**く**行**きたいです。　　**海**
　　　なつやす　うみ　い　　　　はや　い　　　　　　　　　うみ

土 11　**車**で**行**きません。**地下鉄**で**行**きます。　　**地下鉄**
　　　くるま　い　　　　ちかてつ　い　　　　　　　　ちかてつ

阝 12　12**番**のバスに**乗**って、**大学前**で**降**りてください。　　**降りて**
　　　ばん　　　の　　　だいがくまえ　お　　　　　　　　お

　13　**雨**が**降**っていますから、タクシーで**病院**へ**行**きます。　　**降って、病院**
　　　あめ　ふ　　　　　　　　　　　　びょういん　い　　　　ふ　　びょういん

弓	14	テレサちゃんが、**強くて**、頭がいい人が好きだと言いました。スポーツをしなければなりません。**勉強**もしなければなりません。	**強くて**（つよ） **勉強**（べんきょう）
女	15	**姉**は本が**好き**です。**妹**はスポーツが**好き**です。	**姉、好き、妹**（あね　す　いもうと）
口	16	漢字には**意味**があります。だから、おもしろいです。	**意味**（いみ）
扌	17	今、お金を**持って**いませんから、カードで買います。	**持って**（も）
牛	18	**買い物**に行きます。買いたい**物**がたくさんあります。	**買い物、物**（か　もの　もの）
	19	**動物**に**食べ物**をあげてはいけません。	**動物、食べ物**（どうぶつ　た　もの）
木	20	お兄ちゃんは今年から**学校**へ行きます。わたしも**学校**へ行きたいです。	**学校**（がっこう）
ネ	21	わたしは**会社員**です。毎朝7時に**会社**へ行きます。	**会社員、会社**（かいしゃいん　かいしゃ）
方	22	**家族**と中国へ**旅行**に行きました。楽しかったです。	**家族、旅行**（かぞく　りょこう）
王	23	きのう、**タイ料理**を食べました。おいしかったです。	**タイ料理**（りょうり）
日	24	**土曜日**、友達と**映画**を見ました。2回見て、食事して、**晩**、12時に家へ帰りました。	**土曜日、映画**（どようび　えいが） **晩**（ばん）
	25	冬は昼の**時間**が短いです。早く**暗く**なります。	**時間、暗く**（じかん　くら）
	26	夏です。朝の**5時**です。もう**明るい**です。	**5時、明るい**（じ　あか）
月	27	来月、パーティーがあります。この青い**服**を着ます。	**服**（ふく）

禾	28	秋から姉と東京に住んでいます。マンションは駅の近くの便利な所にあります。一度、来てください。	秋（あき） 便利な（べんり）
矢	29	A：あの人を知っていますか。髪が短い人です。 B：いいえ、知りませんけど。	知って、短い（し、みじか）
米	30	奥さんは料理が上手です。ご主人は料理が下手です。	料理（りょうり）
糸	31	今、手紙を書いています。もうすぐ終わります。	手紙、終わり（てがみ、お）
言	32	すみませんが、もう少しゆっくり話してください。	話して（はな）
	33	漢字をいくつ覚えたら、日本語の新聞を読むことができますか。	日本語、読む（にほんご、よ）
	34	時計を見ます。もう12時です。おなかがすきました。	時計（とけい）
車	35	車を運転することができます。でも、自転車に乗ることができません。	運転する（うんてん） 自転車（じてんしゃ）
	36	このかばんは重いです。もう少し軽いのがいいです。	軽い（かる）
金	37	すみません。地下鉄の駅はどこですか。	地下鉄（ちかてつ）
	38	あしたは銀行は休みです。今日、行かないと。	銀行（ぎんこう）
食	39	コーヒーを飲みました。今から、図書館へ行きます。	飲み、図書館（の、としょかん）
馬	40	図書館は駅の近くです。歩いて5分ぐらいです。	駅（えき）

Ⅱ

力	1	昼は**自動車**の会社で働いています。夜は大学で**勉強して**います。	**自動車**（じどうしゃ）　**勉強して**（べんきょう）
刀	2	そのはさみでこのセロテープを**切って**ください。	**切って**（き）
刂	3	新しいパソコンです。軽くて、**便利**です。	**便利**（べんり）
匕	4	ここは北海道のいちばん**北**です。前は海です。	**北**（きた）
丁	5	弟は去年、この**町**を出て、東京へ行きました。	**町**（まち）
阝	6	部長は今、**部屋**にいません。食堂へ行きました。	**部屋**（へや）
斤	7	**新しい**マンションは駅に**近い**ですから、便利です。	**新しい**（あたら）、**近い**（ちか）
欠	8	花見に行きました。食べたり、**飲んだ**り、**歌**を**歌った**りしました。	**飲んだ**（の）、**歌**（うた）、**歌った**（うた）
攵	9	田中先生はいません。今、**教室**で**教えて**います。	**教室**（きょうしつ）、**教えて**（おし）
月	10	夏です。**朝**5時です。外はもう**明るく**なりました。	**朝**（あさ）、**明るく**（あか）
寺	11	友達を**待って**います。**時々**、**時計**を見ます。あ、来ました！　友達は大きいかばんを**持って**います。	**待って**（ま）、**時々**（ときどき）、**時計**（とけい）、**持って**（も）
帚	12	毎晩8時ごろ、家に**帰り**ます。12時ごろ、寝ます。	**帰り**（かえ）

Lesson22

I

六	1	六日に東京に着きます。着いたら、電話します。	六日、東京
	2	A：あの背が高い方はどなたですか。 B：ドアの右に立っている方ですか。山川さんです。	高い、方 立って
入	3	今日は金曜日です。仕事が終わってから、友達とタイ料理を食べに行きます。駅で友達に会います。	今日、金曜日 食べ、会い
八	4	じゃ、八日の八時二十分に駅で会いましょう。	二十分
一	5	家族の写真です。わたしの家の前です。	写真
十	6	古い写真があります。若い母と父がいます。	古い、写真
	7	少し南へ行くと、古い建物があります。図書館です。	南、古い
艹	8	英語のニュースを聞いて、英語の新聞を読みます。	英語
	9	あれがお茶の花ですか。白くて、小さい花ですね。	お茶、花
丷	10	学生です。一か月前に、日本へ来ました。	一か月前
口	11	兄は足が長いです。わたしは足が短いです。	兄、足
	12	兄は銀行員です。去年、アップル銀行に入りました。	兄、銀行員
土	13	去年、車を買いました。赤い車です。	去年、赤い
宀	14	教室の窓から外を見ています。外はいい天気です。	教室、窓

	15　この**漢字**の本はいいです。そして、**安い**です。	漢字、安い
	16　電話をもらったとき、わたしは**家**で**寝**ていました。	家、寝て
青	17　すみません。あの**青い**服を見せてください。	青い
止	18　山の下に車を止めて、山の上のお寺まで**歩き**ます。	歩き
考	19　病院へ行きました。**医者**は「おめでとうございます」と言いました。今、子どもの名前を**考え**ています。	医者 考えて
日	20　おじいちゃんは夜、**早く**寝て、朝、**早く**起きます。	早く
四	21　たくさん**買い物**しました。重いです。	買い物し
田	22　日本の**男の人**は女の人より考え方が古いと**思い**ます。	男の人、思い
立	23　**音**がいいテープレコーダーを買いたいです。**音楽**も聞きますから。	音、音楽
	24　ことばの**意味**がわからないとき、友達に聞きます。	意味
学	25　A：あれは**学校**ですか。B：ええ、さくら**大学**です。	学校、大学
学	26　学校の**食堂**はおいしくないです。でも、安いです。	食堂
羊	27　雪が降っています。みんなコートを**着**ています。	着て
雨	28　雨の日は部屋が暗いです。**電気**をつけましょう。	電気

Lesson 22

Ⅱ

力	1	**男**の田中先生、いらっしゃいますか。	**男**（おとこ）
儿	2	**先生**、**お元気**ですか。わたしは**元気**です。	**先生**、**お元気**（せんせい、げんき）
	3	**兄**は古い車を**売って**、新しい車を買いました。	**兄**、**売って**（あに、う）
女	4	デパートは高いです。スーパーは**安い**です。	**安い**（やす）
子	5	**子**どもは**小学生**です。今日は**漢字**を十、習いました。	**小学生**、**漢字**（しょうがくせい、かんじ）
木	6	雨の日曜日は家で**音楽**を聞きます。**楽しい**です。	**音楽**、**楽しい**（おんがく、たの）
日	7	**医者**が**書いた**ダイエットの本です。貸しましょうか。	**医者**、**書いた**（いしゃ、か）
	8	A：何の**音**ですか。 B：雪の下の川の水の音です。山の**春**も近いです。	**音**（おと） **春**（はる）
心	9	天気が**悪く**なりました。**窓**を閉めましょう。	**悪く**、**窓**（わる、まど）
	10	このことばはどんな**意味**だと**思い**ますか。	**意味**、**思い**（いみ、おも）
灬	11	**黒い**シャツを着ているハンサムな人はだれですか。	**黒い**（くろ）
貝	12	パソコンを**買**います。いろいろ見てから、**買い**ます。	**買い**（か）
	13	わたしは**銀行員**です。お金を**貸す**仕事をしています。	**銀行員**、**貸す**（ぎんこういん、か）

Ⅲ

ナ	1	**友達**の写真です。**右**が田中さん、**左**が山川さんです。	**友達**、**右**、**左**（ともだち、みぎ、ひだり）
广	2	あの**店**は**一度**も入ったことがありません。	**店**、**一度**も（みせ、いちど）

3 この**店**は料理がおいしいです。**広い**庭もすてきです。　　**店、広い**
　　　　　　りょうり　　　　　　　　　　　　にわ　　　　　　みせ　ひろ

4 **パン屋**でパンと飲み物を買います。**昼**に食べます。　　**パン屋、昼**
　　　　　　　　の　もの　か　　　　　ひる　た　　　　　　　や　　　ひる

5 時々、おなかが痛いです。一度、**病院**へ行かないと。　　**病院**
　ときどき　　　　　　いた　　いちど　　びょういん　い　　　　　びょういん

IV ⌐

1 道の右に古い**建物**があります。千年前の**建物**です。　　**建物**
　みち　みぎ　ふる　たてもの　　　　　　　せんねんまえ　たてもの　　　　たてもの

2 地図を見ます。この**道**がいちばん**近い**です。　　**道、近い**
　ちず　み　　　　　　みち　　　　　　ちか　　　　　　　　みち　ちか

3 **友達**が中国へ行きます。空港まで**送り**に行きます。　　**友達、送り**
　ともだち　ちゅうごく　い　　くうこう　　おく　　　　　　　ともだち　おく

4 **来週**、車で旅行に行きます。**友達**が**運転**します。　　**来週、友達**
　らいしゅう　くるま　りょこう　い　　ともだち　うんてん　　　　　らいしゅう　ともだち
　　　　　　　　　　　　　　　　　　　　　　　　　　　　　　　　運転し
　　　　　　　　　　　　　　　　　　　　　　　　　　　　　　　　うんてん

5 あしたの朝、早く**起き**ます。出かけますから。　　**起き**
　　　　　あさ　はや　お　　　　　で　　　　　　　　　　お

6 きのうの晩、一時まで**勉強**しました。眠いです。　　**勉強し**
　　　　　ばん　いちじ　　べんきょう　　　　ねむ　　　　　べんきょう

V □ ⌒ ⌒ ⊏

1 **地図**を見ます。あなたの**国**はどこにありますか。　　**地図、国**
　ちず　み　　　　　　　　くに　　　　　　　　　　　　　　ちず　くに

2 今日は**家内**が料理をします。今、**肉**を切っています。　　**家内、肉**
　きょう　かない　りょうり　　　いま　にく　き　　　　　　　　かない　にく

3 このシャツは**千円**です。友達も**同じ**のを買いました。　　**千円、同じ**
　　　　　　　せんえん　　ともだち　おな　　　か　　　　　　　せんえん　おな

4 朝起きたら、窓を**開け**ます。夜寝る前に、**閉め**ます。　　**開け、閉め**
　あさお　　　まど　あ　　　　よるね　まえ　し　　　　　　　あ　　し

5 毎日**一時間**、日本語のテープを**聞き**ます。　　**一時間、聞き**
　まいにち　いちじかん　にほんご　　　　　き　　　　　　いちじかん　き

6 あの**映画**で見た山へ一度行きたいです。　　**映画**
　　　えいが　み　やま　いちど　い　　　　　　　　えいが

7 あの病院の**医者**は親切じゃありません。　　**医者**
　　　びょういん　いしゃ　しんせつ　　　　　　　　いしゃ

Lesson23

I 술술 읽는 법 익히기

1　意見　　　　意見があります　　意見を言います
　　いけん

2　花見　　　　花見をします　　花見に行きます
　　はなみ

3　社長　　　　IMCの社長　　パワー電気の社長　　社長のいす
　　しゃちょう　　　　　　　　　　　でんき

4　終わり　　　8月の終わり　　来月の終わり　　去年の終わり
　　お　　　　　がつ　　　　　らいげつ　　　　きょねん

5　気　　　　　気をつけます　　車に気をつけます
　　き　　　　　　　　　　　くるま

6　日　　　　　雨の日　　休みの日　　天気がいい日
　　ひ　　　　　あめ　　　やす　　　てんき

7　字　　　　　きれいな字　　下手な字　　上手な字
　　じ　　　　　　　　　へた　　　　じょうず

8　大切な　　　大切な本　　大切な手紙　　大切な話
　　たいせつ　　　　ほん　　　　てがみ　　　　はなし

9　思い出す　　国を思い出します　　あの人の名前を思い出しました
　　おも　だ　　　くに　　　　　　　ひと　なまえ

10　食事する　　レストランで食事します　　食事に行きます
　　しょくじ　　　　　　　　　　　　　　　　い

11　住む　　　　アメリカに住みたいです　　東京に住みたいです
　　す　　　　　　　　　　　　　　　　とうきょう

12　足りる　　　ビールが足りません　　いすが1つ足りません
　　た　　　　　　　　　　　　　　　ひと

II 쓱쓱 쓰는 법 익히기

1　ワット先生は、日本の学生はあまり意見を言わないと言いました。
　　　せんせい　にほん　がくせい　　　　　い
　　わたしも同じ意見です。
　　　　　おな

2　社長は今月の終わりにやめます。そして、わたしが社長になります。
　　　　　こんげつ　お

3　ひらがなを覚えました。かたかなを覚えました。漢字を220覚えました。
　　　　　　おぼ　　　　　　　　　　　　　　　かんじ
　　字の勉強は大変です。
　　　べんきょう　たいへん

4　彼女と食事します。彼女の家まで送ります。いつも家の前で、「お休みな
　　かのじょ　　　　　　　　いえ　　おく　　　　　　　いえ　まえ　　　　　　　やす
　　さい」と言います。早くいっしょに住みたいです。
　　　　　い　　　　はや　　　　　　す

5　すてきなコートがありましたが、お金が足りませんでした。ですから、
　　　　　　　　　　　　　　　　かね
　　カードで買いました。
　　　　　か

Ⅲ 정리

1	意	意見	意味(いみ)		10	大	大切な	大きい(おお)	大学(だいがく)
2	見	意見	花見	見る(み)	11	切	大切な	切る(き)	
3	花	花見	花(はな)		12	思	思い出す	思う(おも)	
4	社	社長	会社(かいしゃ)		13	出	思い出す(だ)	出す(だ)	出る(で)
5	長	社長	長い(なが)		14	食	食事する	食堂(しょくどう)	食べる(た)
6	終	終わり	終わる(お)		15	事	食事する	仕事(しごと)	
7	気	気をつける	天気(てんき)		16	住	住む(す)	住んでいる	
8	日	日曜日(にちようび)	日本(にほん)		17	足	足りる	足(あし)	
9	字	字	漢字(かんじ)						

Ⅳ 읽기

大切な日

今日は**大切な日**です。仕事が終わって、すぐ会社を出て、レストランへ行きます。レストランの前にマイクが立っています。
「待った？」
「ううん。」
わたしたちはワインを飲んで、
食事を始めます。わたしは1年前の今日を
思い出します。1年前の今日、**花見**に行ったとき、初めて(はじ)彼に会いました。彼は青いシャツを着ていました。友達が言いました。
「こちらはマイク・ミラーさんです。」
今日もマイクは青いシャツを着ています。初めて会った日と同じです。

Lesson 24   試 験 問 題 答 用
　　　　　　　　361　379　516　510　447　241

I 술술 읽는 법 익히기

1	試験（しけん）	あしたの試験	英語（えいご）の試験	試験があります
2	問題（もんだい）	問題の答（こた）え	問題を読（よ）みます	問題があります
3	答（こた）え	試験（しけん）の答え	問題（もんだい）の答え	答えを書（か）きます
4	用事（ようじ）	用事があります	用事を思（おも）い出（だ）します	
5	～台（だい）	パソコンが2台あります	タクシーを3台呼（よ）びます	
6	始（はじ）める	勉強（べんきょう）を始めます	テニスを始めます	
7	集（あつ）める	切手（きって）を集めます	テレホンカードを集めます	
8	研究（けんきゅう）する	オーストラリアの動物（どうぶつ）を研究しています		

II 바로바로 써 먹는 사용법

1　あした、**試験**があります。英語（えいご）の**試験**です。もう一度（いちど）、本（ほん）を読（よ）みます。

2　アメリカへ留学（りゅうがく）したいです。でも、ことばやお金（かね）など、いろいろな**問題**があります。

3　今日（きょう）の**試験**の3番（ばん）の**問題**は難（むずか）しかったです。**答**えがわかりませんでした。

4　A：今日（きょう）、仕事（しごと）が終（お）わってから、飲（の）みに行（い）きませんか。
　　B：すみません。今日はちょっと**用事**があります。

5　自動車（じどうしゃ）はありません。でも、自転車（じてんしゃ）が5**台**あります。

6　時間（じかん）ですね。パーティーを**始**めましょう。

7　世界（せかい）の切手（きって）を**集**めています。日本（にほん）の切手も50枚（まい）あります。

8　大学（だいがく）で日本語（にほんご）を教（おし）えています。**研究**もしています。漢字（かんじ）の教（おし）え方（かた）の**研究**です。

台　始　集　研　究

III 쓱쓱 쓰는 법 익히기

試	一	二	三	言	言	言	訂	試	試
験	丨	厂	厂	馬	馬	馬	馬	験	験
問	丨	丨	丨	丨	門	門	門	問	問
題	丶	日	旦	早	是	是	題	題	題
答	ノ	𠂉	𥫗	𥫗	筌	笒	筌	答	答
用	ノ	几	月	月	用				
台	𠃊	ム	台	台	台				
始	く	タ	女	如	如	姶	始	始	
集	ノ	イ	亻	忄	什	隹	隹	隹	集
研	一	ナ	丆	石	石	石	矴	研	研
究	丶	丷	宀	宀	究	究	究		

IV 읽기

試験

「これから、**試験**について説明します。」
　　　　　　　　　　　　せつめい
「**問題**は5枚あります。それから、**答**⁺**案用紙***が1枚あります。
　　　　まい　　　　　　　　　　とう　あんようし
答えは**答**⁺**案用紙**に書いてください。」
「**試験**が終わったら、**答**⁺**案用紙**だけ**集**めます。」
「何か**質問**はありませんか。」
　　　　しつもん
「じゃ、**答**⁺**案用紙**に名前と番号を書いてください。」
　　　　　　　　　　　　　　　ばんごう
「**始**めてください。」

*答案用紙 해답 용지

Lesson 25 飯 場 正 世 界 急
375 292 236 237 440 406

I 술술 읽는 법 익히기

1 ご飯(はん)　　　朝(あさ)ご飯　　昼(ひる)ご飯　　晩(ばん)ご飯　　ご飯を食(た)べます
2 売(う)り場(ば)　　かばん売り場　　時計(とけい)売り場　　カメラ売り場
3 正月(しょうがつ)　　今年(ことし)のお正月　　来年(らいねん)のお正月　　楽(たの)しいお正月
4 世界(せかい)　　世界の国(くに)　　世界でいちばん高(たか)い山(やま)
5 急行(きゅうこう)　　急行で行(い)きます　　急行に乗(の)ります
6 特急(とっきゅう)　　特急に乗(の)ります　　特急で行(い)きます
7 洋服(ようふく)＊　　新(あたら)しい洋服　　洋服のデザイン　　洋服を着(き)ます
8 不便(ふべん)な　　不便な所(ところ)　　ここは不便です
9 急(いそ)ぐ　　急ぎましょう　　急いでください
10 特(とく)に　　動物(どうぶつ)の中(なか)で特に犬(いぬ)が好(す)きです

II 바로바로 써 먹는 사용법

1 今日(きょう)、朝(あさ)ご飯を食(た)べませんでした。昼(ひる)ご飯も食べませんでした。とてもおなかがすきました。
2 お正月の料理(りょうり)があります。お正月の花(はな)があります。母(はは)と姉(あね)は着物(きもの)を着(き)ています。父(ちち)とわたしは新(あたら)しいセーターを着ています。「おめでとうございます。」
3 家(いえ)の近(ちか)くの駅(えき)は急行が止(と)まりません。急ぐとき、不便です。
4 電車(でんしゃ)が好(す)きです。世界の有名(ゆうめい)な特急に乗(の)りたいです。
5 パーティーがあります。洋服を着(き)ますか、着物(きもの)を着ますか。
6 A：何(なに)か質問(しつもん)がありますか。
　 B：いいえ、特にありません。

＊洋服(ようふく) 양복

特 洋 不

Ⅲ 쓱쓱 쓰는 법 익히기

飯	ノ	ハ	今	今	食	飮	飰	飯	飯
場	土	ヺ	圹	坦	垾	垾	場	場	場
正	一	丁	下	正	正				
世	一	十	丗	丗	世				
界	丶	口	田	囲	田	甼	罘	罘	界
急	ノ	ク	夕	刍	刍	刍	急	急	急
特	ノ	十	牛	牛	牜	牪	特	特	特
洋	丶	丶	シ	ジ	ジ	汫	泮	洋	洋
不	一	丆	不	不					

Ⅳ 한자 달인 : 洋

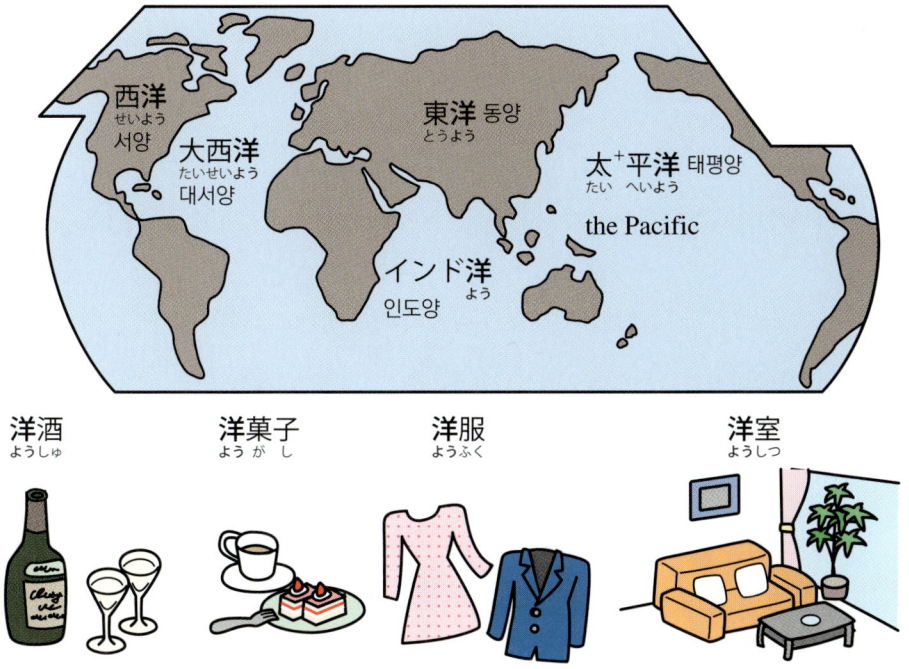

Lesson 26~50

Lesson 26~50

『민나노 일본어 초중급』 제 26과에서 제 50과에 해당하는 단원입니다.

Lesson 26　絵 議 辞 柔 駐 帽

I 술술 읽는 법 익히기

A
1. 絵（え）　　花の絵（はな）　魚の絵（さかな）　動物の絵をかきます（どうぶつ）
2. 会議（かいぎ）　会議室（しつ）　会議があります　会議をします
3. 辞書（じしょ）　英語の辞書（えいご）　日本語の辞書（にほんご）　辞書の使い方（つか　かた）
4. 柔道（じゅうどう）　柔道が好きです（す）　柔道をします　柔道を教えます（おし）
5. 駐車場（ちゅうしゃじょう）　スーパーの駐車場　駐車場に車を止めます（くるま　と）
6. 帽子（ぼうし）　大きい帽子（おお）　小さい帽子（ちい）　子どもの帽子（こ）
7. 湯（ゆ）　熱いお湯（あつ）　ふろに湯を入れます（い）
8. 横（よこ）　デパートの横　彼の横に立ちます（かれ　た）
9. 遠い（とお）　遠い国（くに）　遠い町（まち）　駅まで遠いです（えき）
10. 欲しい（ほ）　欲しいCDがありません　お金が欲しいです（かね）
11. 遅れる（おく）　会議に遅れます（かいぎ）　学校に遅れます（がっこう）

B
1. 気分（きぶん）　いい気分　気分がいいです　気分が悪いです（わる）
2. 今度（こんど）　今度の日曜日（にちようび）　今度の休み（やす）　今度のクリスマス
3. 新聞社（しんぶんしゃ）　外国の新聞社（がいこく）　日本の新聞社（にほん）　新聞社で働きます（はたら）

II 바로바로 써 먹는 사용법

1. 来年、イタリアへ絵の勉強に行きます。イタリア語の勉強もしたいです。（らいねん　べんきょう　い　ご）
2. 会議が終わってから、みんなでお酒を飲みに行きました。（お　さけ　の　い）
3. １週間に３回柔道をします。スポーツの中で柔道がいちばん好きです。（しゅうかん　かい　なか　す）
4. 教室で帽子をかぶってはいけません。教室に入る前に、†脱いでください。（きょうしつ　はい　まえ　ぬ）

湯	横	遠	欲	遅
290	331	506	388	505

5　犬の**横**で⁺猫が寝ています。すぐ写真を撮りましょう。
　　いぬ　　よこ　　ねこ　ね　　　　　　　　しゃしん　と

6　電車が1時間**遅**れました。大切な**会議**に**遅**れました。
　　でんしゃ　じかん　おく　　　たいせつ　かいぎ　　おく

7　子どもは**欲**しいですが、⁺結⁺婚はしたくないです。
　　こ　　　ほ　　　　　　　けっこん

Ⅲ 쓱쓱 쓰는 법 익히기

絵	⺍	幺	糸	糸	絈	絵	絵	絵	絵
議	言	訁	訁	詳	詳	詳	詳	議	議
辞	二	千	舌	舌	舌	䄂	辞	辞	辞
柔	乛	マ	予	矛	矛	柔	柔	柔	柔
駐	丨	厂	厂	馬	馬	馬	駐	駐	駐
帽	丨	冂	巾	巾	忄	忄	帽	帽	帽
湯	氵	氵	氵	沪	沪	沪	湯	湯	湯
横	木	木	木	木	杧	橫	橫	横	横
遠	十	土	吉	吉	责	责	袁	遠	遠
欲	丿	八	分	公	谷	谷	谷	欲	欲
遅	乛	尸	尸	尸	尸	屋	屋	遅	遅

척척 한자 박사

| 연습 | 읽는 법이 맞는 것은 ①과 ② 중 어느 쪽일까요?

1 会 ① あ(う)　② かい

　　a. 友達に会います。　b. 会社で働きます。　c. 会議をします。

2 書 ① か(く)　② しょ

　　a. 手紙を書きます。　b. 図書館へ行きます。　c. 辞書を使います。

3 道 ① みち　② どう

　　a. 書道を習います。　b. 道を曲がります。　c. 柔道を習います。
　　　　서예

4 車 ① くるま　② しゃ

　　a. 電車で行きます。　b. 駐車場に車を止めます。　c. 車を買います。

5 子 ① こ　② し

　　a. 女の子がいます。　b. 子どもが生まれます。

　　c. 帽子をかぶります。

6 新 ① あたら(しい)　② しん

　　a. 新しい服を着ます。　b. 新聞社で働きます。

　　c. 新幹線に乗ります。

1.a.① b.② c.② 2.a.① b.② c.② 3.a.② b.① c.② 4.a.② b.② c.① 5.a.① b.① c.② 6.a.① b.② c.②

읽기

日曜日の図書館

　先週の日曜日、近くの図書館へ行きました。**辞書**で日本語のことばの意味を調べました。２時間かかりました。それから、**柔道**の本を読みました。**柔道**の本は**絵**や写真がたくさんあってよくわかりました。来月から学校で**柔道**を習います。少し疲れましたから、図書館の**横**の喫茶店でコーヒーを飲みました。それから、また、図書館へ行って、ビデオで映画を見ました。図書館で映画を見ることができますから、とても便利です。でも、新しい映画はありません。図書館を出るとき、**柔道**の本を借りました。**辞書**とビデオは借りることができませんでした。早く日本語の**辞書**を買わなければなりません。お金があったら、電子***辞書**が欲しいです。小さくて便利ですから。

＊電子〜　전자~

Lesson27　景色　色　声　所　具　鳥

I 술술 읽는 법 익히기

A
1. 景色（けしき）　すばらしい景色　景色がいいです
2. 声（こえ）　子どもの声（こ）　鳥の声（とり）
3. 台所（だいどころ）　広い台所（ひろ）　きれいな台所　明るい台所（あか）
4. 道具（どうぐ）　便利な道具（べん り）　スキーの道具を借ります（か）
5. 鳥（とり）　大きい鳥（おお）　小さい鳥（ちい）　青い鳥（あお）　白い鳥（しろ）
6. 昔（むかし）　昔の話（はなし）　昔の写真（しゃしん）　昔の友達（ともだち）
7. 夢（ゆめ）　わたしの夢　夢を見ます（み）
8. ～回（かい）　1日に1回（にち）　何回（なん）
9. 泳ぐ（およ）　海で泳ぎました（うみ）　500メートル泳ぎました
10. 座る（すわ）　いすに座ります　彼の横に座ります（かれ よこ）
11. 走る（はし）　駅まで走ります（えき）　毎朝走ります（まいあさ）
12. 役に立つ（やく た）　仕事の役に立ちます（しごと）　勉強の役に立ちます（べんきょう）

B
1. 昼間（ひるま）　昼間は家にいません（いえ）　昼間は電気を消します（でんき け）
2. 聞こえる（き）　ピアノの音が聞こえます（おと）　子どもの声が聞こえます（こ こえ）
3. 見える（み）　家から図書館が見えます（いえ としょかん）　駅から海が見えます（えき うみ）
4. 建てる（た）　家を建てます（いえ）　ホテルを建てます
5. 開く（ひら）　店を開きます（みせ）　事務所を開きます（じ むしょ）

II 바로바로 써 먹는 사용법

1. 時々、母の声を思い出します。でも、今、母はいません。
（ときどき はは おも だ　いま）
2. 日曜日の午後は台所を掃除します。台所の掃除はわたしの仕事です。
（にちようび ごご　そうじ　しごと）

昔	夢	回	泳	座	走	役
468	413	512	277	488	420	268

3 おじいさんに道具の使い方を教えてもらって、いすを作りました。
　　　　　　どうぐ　つかかた　おし　　　　　　　　　　つく

4 おばあさんはいつも昔を思い出して、昔はよかったと言います。
　　　　　　　　　むかし　おも　だ　　むかし　　　　　　　　い

5 先月、会社をやめました。でも、時々、会社で働いている夢を見ます。
　せんげつ　かいしゃ　　　　　　　ときどき　かいしゃ　はたら　　　　ゆめ　み

6 A：1日に何回薬を飲みますか。　　B：3回飲みます。
　　　　にち　なんかい　くすり　の　　　　　　　　　かい　の

7 パソコンは、レポートを書くとき、役に立ちます。
　　　　　　　　　　　　　　か　　　　やく　た

Ⅲ 쓱쓱 쓰는 법 익히기

景	口	日	旦	旦	昌	暑	景	景	景
色	ノ	ク	ク	名	名	色
声	一	十	吉	吉	吉	吉	声
所	一	ラ	ラ	戸	戸	所	所	所
具	丨	冂	月	月	目	且	具	具
鳥	ノ	亻	广	户	户	鸟	鳥	鳥	鳥
昔	一	十	廾	艹	芷	昔	昔	昔
夢	艹	苎	芇	莤	芦	萬	萝	夢	夢
回	丨	冂	冂	回	回	回
泳	丶	冫	氵	沪	汮	汮	泳
座	丶	亠	广	广	庀	庇	座	座	座
走	一	十	土	キ	キ	走	走
役	ノ	亻	彳	彳	邟	役	役

척척 한자 박사

| 연습 |

1 （ ア ）で料理を作ります。

料理を作るとき、いろいろな（ イ ）を使います。

> a. 道具　　b. 台所

2 わたしの（ ア ）は、自分で家を（ イ ）ことです。

姉の（ ア ）は、英語教室を（ ウ ）ことです。

> a. 開く　　b. 建てる　　c. 夢

3 海で（ ア ）ました。それから、歩いてホテルへ帰りました。

ホテルの窓から海と山が（ イ ）ます。すばらしい（ ウ ）です。

窓を開けると、（ エ ）の（ オ ）が（ カ ）ます。

> a. 景色　　b. 聞こえ　　c. 泳ぎ　　d. 鳥　　e. 見え　　f. 声

읽기

沖縄の思い出*¹

今年の夏、彼女と沖縄へ行った。

東京から飛行機で２時間半。そこは南の島。

空港でホテルへ行く道を聞いた。
空港の人は地図をくれて、親切に教えてくれた。
沖縄の人はみんな親切だ。

ホテルの窓から海が見える。そして、窓を開けると、波の音が聞こえる。

すばらしい景色。夢。楽園*²。

沖縄の海はほんとうにきれいだった。海の中を魚が泳いでいた。
朝から晩まで彼女と泳いだ。

夜、海辺*³に座って、星*⁴を見た。

９月。秋。東京の生活。仕事。
忙しい毎日。

早く彼女に会いたい。

*¹ 思い出 추억   *² 楽園 낙원   *³ 海辺 해변   *⁴ 星 별

Lesson 28 形 品 慣 説 将 力
<small>386 418 302 362 303 221</small>

I 술술 읽는 법 익히기

A
1. 形(かたち) きれいな形   形がいいです
2. 品物(しなもの) このデパートは品物が多(おお)いです
3. 習慣(しゅうかん) いい習慣   悪(わる)い習慣   習慣が違(ちが)います
4. 小説(しょうせつ) おもしろい小説   小説を読(よ)みます
5. 将来(しょうらい) 将来の仕事(しごと)   将来の夢(ゆめ)
6. 力(ちから) 力があります   力が強(つよ)いです
7. 熱(ねつ) 高(たか)い熱   熱があります
8. 熱心(ねっしん)な 熱心な学生(がくせい)   熱心な先生(せんせい)
9. 眠(ねむ)い 眠いです   眠くなります   毎日(まいにち)眠いです
10. 優(やさ)しい 優しい人(ひと)   優しい声(こえ)   父(ちち)は優しいです
11. 選(えら)ぶ 車(くるま)を選びます   仕事(しごと)を選びます
12. 通(かよ)う 大学(だいがく)に通います   病院(びょういん)に通います
13. 経験(けいけん)する いろいろな仕事(しごと)を経験します

B
1. 味(あじ) 味がいいです   味を見(み)ます
2. 会話(かいわ) 楽(たの)しい会話   日本語(にほんご)で会話をします
3. 色(いろ) きれいな色   色がいいです

II 바로바로 써 먹는 사용법

1. いくら味がよくても、形が悪(わる)い果物(くだもの)は売(う)れません。
2. 中国(ちゅうごく)と日本(にほん)ではいろいろ習慣が違(ちが)います。

| 熱 | 心 | 眠 | 優 | 選 | 通 | 経 |
| 475 | 231 | 344 | 267 | 508 | 502 | 352 |

3　大学に**通い**ながらコンピューターの会社で働いています。**将来**は自分で会社を作って社長になりたいです。

4　土曜日の夜はたいてい一人でお酒を飲みながら、**小説**を読んでいます。

5　勉強よりアルバイトに**熱心**な学生がたくさんいます。

6　きのう、ニューヨークから東京へ来ました。まだ**眠くて**、頭が痛いです。

Ⅲ　쓱쓱 쓰는 법 익히기

形	一	二	チ	开	开	形	形	
品	⼁	口	口	吊	品	品	品	品
慣	忄	忄	忄	忄	惟	慣	慣	慣
説	丶	言	言	言	訃	説	説	説
将	丨	丬	丬	丬	丬	丬	将	将
力	フ	力						
熱	十	土	赤	赤	幸	剢	執	熱
心	⼁	心	心	心				
眠	丨	月	月	目	眠	眠	眠	眠
優	亻	亻	伃	何	俥	優	優	優
選	㇉	コ	巳	巴	巽	巽	選	選
通	㇇	マ	ア	甬	甬	甬	通	通
経	幺	幺	糹	糹	紅	経	経	経

척척 한자 박사

| 도전 | 배운 한자를 이용하여 새로운 한자를 만들어 봅시다.

1 **通** ＋ **学**₂₅ → 通学する 통학하다, 학교에 가다
　　　　　　　　　　　つうがく

毎日、学校に通います。電車で通学します。
まいにち がっこう かよ　　　でんしゃ つうがく

2 **人**₃₆ ＋ **形** → 人形 인형
　　　　　　　　　　にんぎょう

子どものとき買ってもらった人形です。今も大切にしています。
こ　　　　　　か　　　　　　にんぎょう いま たいせつ

3 **手**₇₇ ＋ **品** → 手品 요술, 마술
　　　　　　　　　　てじな

兄は手品が上手です。みんな手品を見て、「すごい」と言います。
あに てじな じょうず　　　　てじな み　　　　　　　　い

4 **冬**₁₉₁ ＋ **眠** → 冬眠する 동면하다
　　　　　　　　　　とうみん

クマ*¹やヘビ*²は冬眠しますが、犬や猫はしません。
　　　　　　　　とうみん　　いぬ ねこ

*¹ クマ 곰　*² ヘビ 뱀

5 **説** ＋ **明**₁₃₃ ＋ **書**₉₃ → 説明書 설명서
　　　　　　　　　　　　　　　せつめいしょ

何回も説明書を読みましたが、パソコンの使い方がわかりません。
なんかい せつめいしょ よ　　　　　　　　　　　つか かた

6 **選** ＋ **手**₇₇ → 選手 선수
　　　　　　　　　　せんしゅ

姉はテニスの選手です。妹は柔道の選手です。
あね　　　　せんしゅ　　いもうと じゅうどう せんしゅ

28

읽기

1. 将来の夢

山田夏子
やまだ なつこ

わたしは、今、大学2年生*¹です。わたしの⁺専⁺門は電気工学*²です。毎日、昼は大学に通って、夜はコンピューターの会社でアルバイトをしています。将来は、自分でコンピューターソフトの会社を作って、社長になりたいです。世界中*³の人がわたしが作ったソフトを使う―それが将来の夢です。でも、卒業する*⁴前に旅行をしたり、ボランティアに参⁺加したりして、いろいろ経験したいです。

*¹ 2年生 2학년   *² 電気工学 전기 공학   *³ 世界中 전세계   *⁴ 卒業する 졸업하다

2. 将来の夢

花田春男
はなだ はるお

わたしは、今、大学の4年生*¹です。⁺専⁺門は医学*²です。でも、医者になりたくないです。わたしは、子どものときからピアノを習っています。今もピアノが好きです。毎日ピアノの練習をしています。ですから、将来はピアニスト*³になりたいです。

*¹ 4年生 4학년생   *² 医学 의학   *³ ピアニスト 피아니스트

Lesson 29

喫	辺	神	妻	忘	側
312	497	336	462	471	263

I 술술 읽는 법 익히기

A

1. 喫茶店(きっさてん)　　近くの喫茶店(ちか)　　コーヒーがおいしい喫茶店
2. ～辺(へん)　　この辺　　あの辺　　どの辺
3. 神社(じんじゃ)　　古い神社(ふる)　　小さい神社(ちい)　　近くの神社(ちか)
4. 妻(つま)　　優しい妻(やさ)　　妻の兄(あに)　　妻は医者です(いしゃ)
5. 忘れ物(わすもの)　　忘れ物をしました　　部屋に忘れ物がありました(へや)
6. ～側(がわ)　　左側(ひだり)　　右側(みぎ)　　山側(やま)　　海側(うみ)
7. 落とす(お)　　パスポートを落としました　　コップを落としました
8. 消える(き)　　電気が消えています(でんき)　　ガスが消えました
9. 汚れる(よご)　　車が汚れます(くるま)　　服が汚れました(ふく)
10. 忘れる(わす)　　カメラを忘れました　　電話番号を忘れました(でんわばんごう)
11. 割れる(わ)　　コップが割れました　　窓ガラスが割れました(まど)
12. 全部(ぜんぶ)　　ご飯を全部食べました(はんた)　　テープを全部聞きました(き)

B

1. 開く(あ)　　ドアが開きます　　銀行は9時に開きます(ぎんこうじ)
2. 閉まる(し)　　ドアが閉まります　　あの店は10時に閉まります(みせじ)

II 바로바로 써 먹는 사용법

1. 喫茶店で彼女に会います。(かのじょあ)
2. この辺でワインを売っている店を知りませんか。(うみせし)
3. 毎年、お正月は家族と近くの神社へ行きます。(まいとししょうがつかぞくちかい)
4. 妻の⁺誕生日にはプレゼントをします。(たんじょうび)
5. このホテルは山側の部屋のほうが海側の部屋より高いです。(やまへやうみたか)

落	消	汚	割	全
414	285	273	383	400

6 大切な手⁺帳をどこかで落としてしまいました。
　　たいせつ　て ちょう

7 車が汚れています。彼女が乗る前に、洗わなければなりません。
　　くるま　よご　　　　　かのじょ　の　まえ　あら

8 駅にはいろいろな忘れ物がありますが、犬を忘れてしまった人もいます。
　　えき　　　　　　わす もの　　　　　　いぬ　わす　　　　　　　　ひと

9 テニスをしているとき、⁺眼⁺鏡が割れてしまいました。
　　　　　　　　　　　　め がね　　わ

10 彼女が作った料理を全部食べました。そして、薬を飲みました。
　　かのじょ　つく　りょうり　ぜんぶ　た　　　　　　　　くすり　の

Ⅲ 쓱쓱 쓰는 법 익히기

喫	ロ	ロ	叶	吐	喫	喫	喫	喫	喫
辺	フ	刀	刀	辺	辺				
神	丶	ラ	ネ	ネ	ネ	礻刀	礻刀	礻刀	神
妻	一	ヨ	ヨ	圭	妻	妻	妻	妻	
忘	丶	亠	亡	亡	忘	忘	忘		
側	イ	仴	仴	但	俱	俱	俱	側	
落	一	艹	艹	茫	茫	茫	落	落	落
消	丶	シ	ジ	ジ	ジ	ジ	消	消	消
汚	丶	シ	シ	汀	汚				
割	丶	宀	宀	中	宝	宝	害	害	割
全	ノ	人	个	仐	仐	全			

Lesson 29 | 31

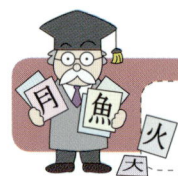

척척 한자 박사

| 연습 | 한자를 만들어 봅시다.

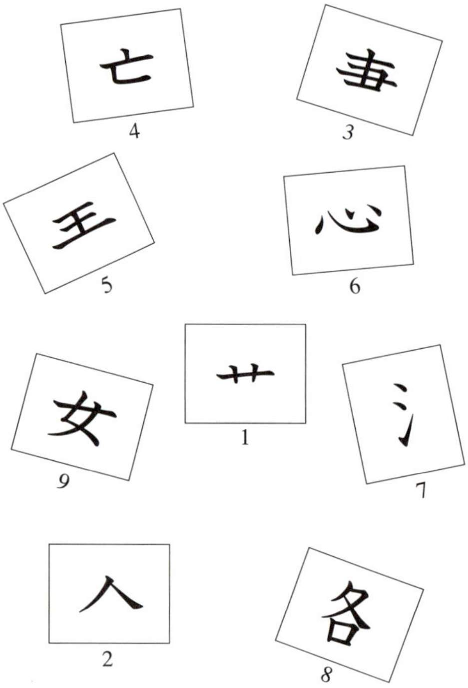

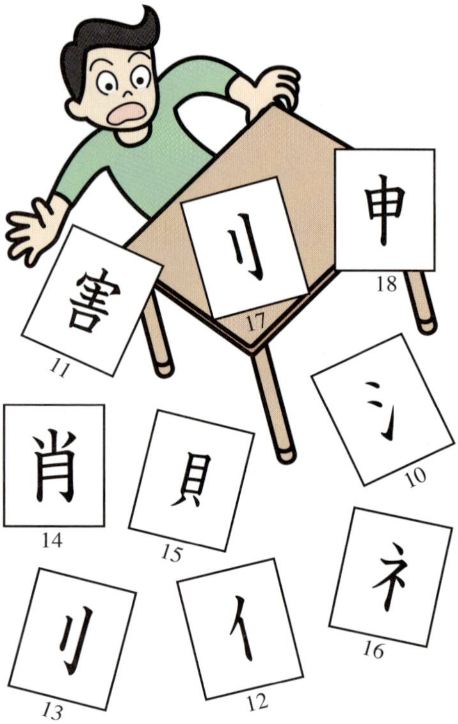

정답 4-6 忘 2-5 全 3-9 妻 1-7-8 落 16-18 神 10-14 消 11-13 割 12-15-17 側

읽기

大変な忘れ物

　妻とわたしは1978年12月8日に結婚しました。毎年、12月8日にはレストランで食事をしたり、プレゼントをしたりします。去年は妻に時計をプレゼントしました。妻はわたしにかばんをくれました。

　きのうは12月8日でした。夜10時に家に帰りました。机の上にネクタイがありました。「これ、どうしたの？」と妻に言いましたが、妻は何も言いませんでした。そのとき、思い出しました。「あ、今日は結婚記念日*¹だ」。わたしは1年でいちばん大切な日を忘れたのです。妻は台所へ行きました。そして、はさみでネクタイを切ってしまいました。

　今日、プレゼントの品物を持って、それから花も買って、ワインも買って、家に帰りました。机の上には大きい手帳がありました。妻がくれたプレゼントです。すぐ手帳を開けました。来年の12月8日に大きい♥がありました。ホッ*²。

1999年12月9日の日記

*¹ 結婚記念日　결혼 기념일　　*² ホッ　안도의 한숨

Lesson 30　　皿　隅　机　引　箱　予
240　296　326　305　449　229

I 　술술 읽는 법 익히기

A
1. お皿（さら）　　大きいお皿（おお）　　小さいお皿（ちい）　　お皿を洗います（あら）
2. 隅（すみ）　　部屋の隅（へや）　　引き出しの隅（ひだ）
3. 机（つくえ）　　机の上（うえ）　　机の下（した）　　机の横（よこ）
4. 引き出し（ひだ）　　机の引き出し（つくえ）　　引き出しの中（なか）
5. 箱（はこ）　　箱の中（なか）　　ビールの箱
6. 予定（よてい）　　あしたの予定　　夏休みの予定（なつやす）
7. 冷たい（つめ）　　冷たい水（みず）　　冷たいビール　　冷たい飲み物（の　もの）
8. 置く（お）　　お皿の横にフォークを置きます（さら　よこ）
9. 掛ける（か）　　コートを掛けます　　壁に絵を掛けます（かべ　え）
10. 片づける（かた）　　机の上を片づけます（つくえ　うえ）　　道具を片づけます（どうぐ）
11. 引く（ひ）　　ドアを引きます
12. 復習する（ふくしゅう）　　漢字を復習します（かんじ）　　日本語の会話を復習します（にほんご　かいわ）
13. 予習する（よしゅう）　　漢字を予習します（かんじ）　　日本語の会話を予習します（にほんご　かいわ）
14. 予約する（よやく）　　ホテルを予約します　　チケットを予約します

B
1. お子さん（こ）　　お子さんはおいくつですか
2. 人形（にんぎょう）　　紙の人形（かみ）　　大きい人形（おお）　　日本人形（にほん）
3. 知らせる（し）　　予定を知らせます（よてい）　　会議の時間を知らせます（かいぎ　じかん）

II 　바로바로 써 먹는 사용법

1. 引き出しの隅に手紙がありました。昔、彼女がくれた手紙です。（てがみ　むかし　かのじょ）
2. 机の上にパソコンを置きました。彼の写真は本⁺棚に置きました。（うえ　かれ　しゃしん　ほんだな）

定	冷	置	掛	片	復	約
424	254	439	321	228	272	350

3 パーティーの前に、ビールを箱から出して、冷蔵庫に入れておきます。
　　　　まえ　　　　　　　　　　　　　　だ　　　　れいぞうこ　い

4 夏休みの予定をカレンダーに書きました。1週間しか休めません。
　なつやす　　よてい　　　　　　　　　か　　　　　　しゅうかん　　やす

5 わたしは夏でも冷たいコーヒーより温かいコーヒーのほうが好きです。
　　　　　　なつ　　つめ　　　　　　　　　あたた　　　　　　　　　　　す

6 あした友達が来ます。それで、部屋を片づけました。
　　　　ともだち　き　　　　　　　へや　かた

7 習った漢字を復習します。そして、あした習う漢字を予習しておきます。
　なら　　かんじ　　ふくしゅう

Ⅲ 쓱쓱 쓰는 법 익히기

皿	丨	冂	冊	皿	皿				
隅	⺀	⻖	阝	阝口	阝日	隅	隅	隅	隅
机	一	十	木	朳	机				
引	𠃍	コ	弓	引					
箱	⺮	⺮	竹	竺	竿	笌	笌	箱	箱
予	𠃍	マ	予	予					
定	⺀	宀	宀	宇	宇	定	定		
冷	⺀	⺀	冫	冷	冷	冷			
置	⺀	罒	罒	罒	罒	置	置	置	
掛	十	扌	扌	扌	拌	挂	挂	掛	掛
片	ノ	丿	片	片					
復	⺀	彳	彳	彳	彳	彳	彳	復	
約	𠃋	幺	幺	糸	糸	糸	約	約	

척척 한자 박사

| 연습 Ⅰ |

1　冷＋蔵＋庫（れいぞうこ）　・　　　・　a.　手＋帳、旅行（てちょう、りょこう）
2　お皿　・　　　・　b.　子ども、遊ぶ（こ、あそ）
3　机　・　　　・　c.　食べ物、割れる、1枚（たもの、わ、まい）
4　予定　・　　　・　d.　ビール、ジュース、アイスクリーム
5　人形　・　　　・　e.　引き出し、勉強（べんきょう）

| 연습 Ⅱ |　(　)에는 a, b, c 중 어느 것이 들어갈까요?

　　　　a. 予約　　b. 予定　　c. 予習

1　来月、中国へ行く（b．予定）です。
　　らいげつ、ちゅうごく、い

2　あしたは何（なに）も（　　　　）がありません。

3　毎晩（まいばん）、**復習してから**（　　　　）します。

4　ホテルを（　　　　）しました。

5　課長（かちょう）の（　　　　）を聞（き）いてください。

6　ビデオの（　　　　）を忘（わす）れてしまいました。

읽기

パーティーの準備

今日は妻の誕生日です。5時からパーティーをします。彼女の友達がたくさん来ます。家の中を片づけておかなければなりません。

メモ

2：00　ワインを箱から出して、冷蔵庫に入れておく
3：00　テーブルの上に花とお皿を置いておく
　　　　お皿の横にナイフとフォークを置いておく
　　　　部屋の壁に彼女の好きな絵を掛けておく
4：00　部屋の隅にＣＤプレイヤー＊を置いておく
　　　　ジャズのＣＤを5枚ぐらい置いておく
　　　　プレゼントの品物（日本人形）を箱に入れておく

＊ＣＤプレイヤー　CD플레이어

복습 1 (~lesson30)

I 言 試 議 説
       361 364 362

1 あした英語の＿＿験があります。
   　えいご　　　し けん

2 会＿＿は３時からです。
   かい ぎ　　じ

3 小＿＿を書きます。
   しょう せつ　　か

II 門 開 閉 問 間
       214 215 516 86

1 この＿＿題は難しいです。
       もん だい　むずか

2 料理教室を＿＿きます。
   りょう り きょうしつ　ひら

3 あ、窓が＿＿いていますよ。寒いですから、閉めましょう。
       まど　あ　　　　　　　さむ　　　　　　　し

4 図書館は何時に＿＿まりますか。
   としょかん　なん じ　　し

5 昼＿＿は働いていますから、夜、学校へ行っています。
   ひる ま　　はたら　　　　　　よる　がっこう　い

III 辶 辺 通 遅 遠 選
        497 502 505 506 508

1 電車で学校に＿＿っています。１時間半かかります。＿＿いです。
   でんしゃ　がっこう　　かよ　　　　　じ かんはん　　　　　　　　とお

2 この＿＿は交通が不便です。
       へん　こうつう ふ べん

3 約束の時間に＿＿れてしまいました。
   やくそく　じ かん　　おく

4 ネクタイはいつも自分で＿＿びます。
               　　　　じ ぶん　　えら

Ⅳ 한자를 만들어 보세요.

1 土 + 止   危(あぶ)ないですから、＿＿＿(はし)らないでください。

2 士 + 戸   大(おお)きい＿＿＿(こえ)で言(い)ってください。

Ⅴ 「日」가 있는 한자는 어느 것인가요?

1 湯   お湯(ゆ)を入(い)れて、3分(ぷん)待(ま)ちます。
2 場   1) 駐車場(ちゅうしゃじょう)がありません。　2) 下着売(したぎう)り場(ば)はどこですか。
3 帽   おばあちゃんに買(か)ってもらった帽子(ぼうし)をかぶります。
4 箱   その箱(はこ)に触(さわ)らないでください。
5 景   ここは景色(けしき)がいいです。
6 具   使(つか)った道具(どうぐ)を片(かた)づけます。
7 昔   昔(むかし)はここは海(うみ)でした。

Ⅵ 반대말은 어느 것인가요?

1 近(ちか)い ↔ 遠(とお)い　　　4 立(た)つ ↔ ＿＿＿
2 今(いま) ↔ ＿＿＿　　　　　　5 拾(ひろ)う ↔ ＿＿＿
3 答(こた)え ↔ ＿＿＿

| 遠(とお)い | 昔(むかし) | 問題(もんだい) | 座(すわ)る | 落(お)とす |

Lesson 31

空港	港	文	務	園	飛
426	289	396	349	513	252

I 술술 읽는 법 익히기

A
1. 空港（くうこう）　　外国（がいこく）の空港　　広（ひろ）い空港
2. 作文（さくぶん）　　日本語（にほんご）の作文　　作文を書（か）きます
3. 事務所（じむしょ）　　会社（かいしゃ）の事務所　　大学（だいがく）の事務所
4. 動物園（どうぶつえん）　　大（おお）きい動物園　　動物園へ行（い）きます
5. 飛行機（ひこうき）　　飛行機に乗（の）ります　　飛行機が空港（くうこう）に着（つ）きます
6. 普通（ふつう）　　普通の人（ひと）　　普通の日（ひ）　　普通のサラリーマン
7. 〜式（しき）　　入学式（にゅうがくしき）　　卒業式（そつぎょう）
8. 受（う）ける　　試験（しけん）を受けます
9. 卒業（そつぎょう）する　　大学（だいがく）を卒業します　　来年（らいねん）、卒業します
10. 連（つ）れて〜　　パーティーに家族（かぞく）を連れて行（い）きます
11. 残（のこ）る　　お金（かね）が残ります　　事務所（じむしょ）に残ります

B
1. 教会（きょうかい）　　古（ふる）い教会　　日曜日（にちようび）は教会へ行（い）きます
2. 入学（にゅうがく）する　　大学（だいがく）に入学します　　来月（らいげつ）、入学します
3. 始（はじ）まる　　10時に会議（かいぎ）が始まります　　学校（がっこう）は4月（がつ）に始まります

II 바로바로 써 먹는 사용법

1. A：この飛行機（ひこうき）は何時（なんじ）に着（つ）きますか。
   B：8時にケネディ空港（くうこう）に着く予定（よてい）です。
2. 普通（ふつう）の日（ひ）はお酒（さけ）を飲（の）みません。でも、日曜日（にちようび）はたいてい飲みます。
3. 今度（こんど）の日曜日（にちようび）は午前（ごぜん）に息子（むすこ）の卒業式（そつぎょうしき）、午後（ごご）に娘（むすめ）の結婚式（けっこんしき）があります。
4. アメリカへ留学（りゅうがく）する前（まえ）に、英語（えいご）の試験（しけん）を受（う）けなければなりません。

機	普	式	受	卒	業	連	残
333	469	248	444	398	445	503	339

5 来年、中国へ留学します。子どもを**連**れて行こうと思っています。
　らいねん　ちゅうごく　りゅうがく　　　　　こ　　　　つ　　　　い　　　　おも

6 ⁺奈⁺良には世界でいちばん古い、木の建物が**残**っています。
　な　ら　　せかい　　　　　　　ふる　　き　たてもの

III 쓱쓱 쓰는 법 익히기

空	'	ハ	宀	宀	灾	空	空	空
港	丶	冫	氵	沪	沪	洪	洪	港	港
文	丶	亠	ナ	文				
務	マ	ヌ	予	矛	矛	矛	敄	務	務
園	丨	冂	門	周	声	南	園	園	園
飛	て	ひ	飞	飞	飞	飛	飛	飛	飛
機	木	木	杉	榉	樥	樥	様	機	機
普	丶	ソ	廾	艹	並	並	普	普	普
式	一	二	丆	式	式	式			
受	丶	丷	爫	爫	爫	受	受		
卒	丶	亠	广	大	卆	卒	卒		
業	"	"	"	业	业	苎	芏	業	業
連	一	厂	冂	百	亘	車	连	連	連
残	一	丆	歹	歹	歹	歹	残	残	残

Lesson 31

척척 한자 박사

연습 I 연관성이 있는 것끼리 연결해 봅시다.

1. 事務所 ・　　・ a. 空港
2. 飛行機 ・　　・ b. 学校(がっこう)
3. 入学式と卒業式 ・　　・ c. 教会
4. 結婚式(けっこん) ・　　・ d. 会社(かいしゃ)

5. 普通の日(ひ) ・　　・ e. 1時(じ)に始まります
6. 作文 ・　　・ f. ライオン*がいます
7. 会議(かいぎ) ・　　・ g. 月曜日(げつようび)から金曜日(きんようび)まで
8. 動物園 ・　　・ h. 日本語(にほんご)で書(か)きます

＊ライオン 사자

연습 II 맞는 대답을 고르세요.

奥(おく)さんは？

今度(こんど)は妻を { a. 連れて行きます　b. 連れて来ます

I. 1.d 2.a 3.b 4.c 5.g 6.h 7.e 8.f　II. b

읽기

3人の「来年の春、大学を卒業したら」

＜山田さん＞

　来年の春、大学を**卒業**したら、**空港**の**事務所**で**働く**つもりです。子どものときから**飛行機**が好きです。毎日、**事務所**から**飛行機**が見えます。**飛行機**を見ながら仕事ができます。でも、**卒業する**前に、試験を受けなければなりません。
　それで、今年の夏休みは大学に**残って**、図書館で勉強するつもりです。

＜川上さん＞

　来年の春、大学を**卒業**したら、**動物園**で**働こう**と思っています。2、3年はアルバイトですが、いつか大学院で動物学＊を研究しようと思っています。
　いろいろな経験をしながら大学院へ行く準備をする予定です。

＊動物学　동물학

＜田中さん＞

　来年の春、大学を**卒業**したら、アメリカへ留学しようと思っています。将来の仕事はまだ決めていませんが、英語を勉強して、将来は国際的な＊仕事をしたいと思っています。

＊国際的な　국제적인

Lesson 32　風　星　雪　夕　牛　乳

I　술술 읽는 법 익히기

A
1. 風（かぜ）　冷たい風（つめ）　強い風（つよ）　風が強いです（つよ）　風が吹きます（ふ）
2. 星（ほし）　明るい星（あか）　大きい星（おお）　冬の星（ふゆ）　星が見えます（み）
3. 雪（ゆき）　白い雪（しろ）　雪の日（ひ）　雪が降ります（ふ）
4. 夕方（ゆうがた）　夕方の空（そら）　夕方になります　夕方から雨になります（あめ）
5. 牛乳（ぎゅうにゅう）　おいしい牛乳　冷たい牛乳（つめ）　牛乳を飲みます（の）
6. 最近（さいきん）　最近の学生（がくせい）　最近のこと　最近、忙しいです（いそが）
7. 勝つ（か）　試合に勝ちます（しあい）　日本が勝ちました（にほん）
8. 負ける（ま）　試合に負けます（しあい）　日本が負けました（にほん）
9. 続く（つづ）　雨が続きます（あめ）　試合が続きます（しあい）　熱が続きます（ねつ）
10. 続ける（つづ）　話を続けます（はなし）　日本語の勉強を続けます（にほんご　べんきょう）
11. 直す（なお）　自転車を直します（じてんしゃ）　服のサイズを直します（ふく）
12. 直る（なお）　コンピューターが直ります　時計が直ります（とけい）
13. 治る（なお）　けがが治ります　病気が治ります（びょうき）
14. 登る（のぼ）　山に登ります（やま）　木に登ります（き）
15. 戻る（もど）　会社に戻ります（かいしゃ）　30分で戻ります（ぷん）

B
1. 月（つき）　月と星（ほし）　月旅行（りょこう）　月がきれいです　月へ行きます（い）
2. 空（そら）　青い空（あお）　広い空（ひろ）　きれいな空　空を見ます（み）
3. 水道（すいどう）　ガスと電気と水道（でんき）　水道の水（みず）
4. 今夜（こんや）　今夜の予定（よてい）　今夜の天気（てんき）　今夜の12時（じ）
5. 十分な（じゅうぶん）　十分なお金（かね）　時間が十分あります（じかん）
6. 運動する（うんどう）　毎日、運動します（まいにち）　運動することが好きです（す）

最　勝　負　続　直　治　登　戻

II 바로바로 써 먹는 사용법

1　かぜがまだ治りません。薬を飲んでも、治りません。

2　最近、夕方、ジョギングをしています。これからも続けるつもりです。

3　わたしは⁺温かい牛乳は飲めますが、冷たい牛乳は飲めません。

4　午後は南川さんの事務所へ行きます。4時までに戻る予定です。

III 쓱쓱 쓰는 법 익히기

風	ノ	几	几	凡	凧	凮	風	風	風
星	丶	口	日	日	戸	旦	早	星	星
雪	一	一	一	一	雨	雨	雪	雪	雪
夕	ノ	ク	夕						
牛	ノ	ト	ヒ	牛					
乳	一	て	で	四	孚	孚	孚	乳	
最	口	日	旦	旦	旦	冐	最	最	最
勝	月	月	月	月'	胖	胖	胖	勝	勝
負	ノ	ク	午	午	负	角	負	負	
続	乙	幺	糸	糸	糸一	紵	紵	続	続
直	一	十	十	市	市	冇	直	直	
治	丶	氵	氵	汁	汋	治	治	治	
登	フ	ヌ	ヌ	癶	癶	癶	啓	登	登
戻	一	一	戸	戸	戸	戻	戻		

Lesson 32 | 45

척척 한자 박사

| 정리 | 여러가지 읽는 방법

1 月 ─ 月(달) 月(달/월) 月日*¹　　*¹ 월일, 세월
　　つき　 つき　　 つきひ
　　１月　 ２月　　 正月　　生年月日*²　*² 생년월일
　　がつ　 がつ　　しょうがつ　せいねんがっぴ
　　月曜日　今月　　来月　　３か月
　　げつようび こんげつ らいげつ　　げつ

2 水 ─ 水　　飲み水*³　　　　　　*³ 마시는 물
　　みず　　 のみみず
　　水曜日　水道　水分*⁴　海水*⁵　*⁴ 수분
　　すいようび すいどう すいぶん かいすい
　　　　　　　　　　　　　　　　　*⁵ 해수, 바닷물

3 分 ─ ５分　　15分
　　 ふん　　 ふん
　　 10分　　 30分
　　 ぷん　　 ぷん
　　 十分な　 半分*⁶　　　　　　*⁶ 반
　　 じゅうぶん はんぶん

4 動 ─ 動く
　　 うご
　　 自動車　自動＋販売機　自動ドア*⁷　動物　運動する
　　 じどうしゃ じどうはんばいき じどう　　どうぶつ うんどう
　　　　　　　　　　　　　　　　*⁷ 자동문

| 읽기

1. ダイエット

　わたしは毎日、自動車で会社へ行っています。そして、会社でも朝から晩までずっと座っています。そして休みの日は、うちで寝たり、食べたりしています。ずっと**運動不足***¹です。それで、**太って***²しまいました。
　　　　　　　　　　　　　　ぶそく　　　　　　　ふと
　この間、**彼女**とかけ*³をしました。もしわたしが５キロやせられた*⁴ら、わ
　　　　 かのじょ
たしの**勝ち**です。彼女がわたしに欲しい物を買ってくれます。もしやせられ
　　　か　　　　かのじょ
なかったら、わたしの**負け**です。わたしが彼女を旅行に連れて行かなければ

なりません。

　それで、**最近**、**運動**を始めました。１週間に３回、スポーツクラブへ行っています。**運動**してから、ビールを飲みます。**最高**[*5]です。いつも、たくさんビールを飲んでしまいます。

　そろそろ、飛行機を予約したほうがいいかもしれません。

[*1] 運動不足 운동 부족　[*2] 太る 살찌다　[*3] かけ 내기　[*4] やせる 빠지다　[*5] 最高 최고

2. 冬の山

　わたしは山が好きです。山に**登る**ことが好きです。特に冬の山が好きです。冬の山の**星空**[*1]と**風**の音が好きです。山のいちばん上まで**登って**見る**雪山**[*2]の景色は**最高**[*3]です。

　今年も冬の山へ来ました。今日は山小屋[*4]に泊まっています。もう**夕方**です。西の**空**の**夕焼け**[*5]がきれいです。東の**空**を見ると、**月**と**星**が出ています。**風**が冷たくなりました。**今夜**は初雪[*6]が降るかもしれません。

絵の中に、漢字で書けることばを書いてください。

[*1] 星空 별이 총총한 하늘　[*2] 雪山 눈이 쌓인 산, 설산　[*3] 最高 최고　[*4] 山小屋 오두막

[*5] 夕焼け 석양　[*6] 初雪 첫 눈

Lesson 33

付 256　角 404　交 397　席 487　荷 409　以 234

I 술술 읽는 법 익히기

A
1. 受付(うけつけ)　　受付の人(ひと)　　受付で聞(き)きます
2. 角(かど)　　1つ目(ひとつめ)の角　　角を左(ひだり)へ曲(まが)がります
3. 交通(こうつう)　　交通が便利(べんり)です　　交通が不便(ふべん)です
4. 席(せき)　　窓側(まどがわ)の席　　席を外(はず)します
5. 荷物(にもつ)　　重(おも)い荷物　　軽(かる)い荷物　　荷物を持(も)ちます
6. 〜以内(いない)　　1か月(げつ)以内　　1年(ねん)以内　　2週間(しゅうかん)以内に返(かえ)します
7. 触(さわ)る　　割(わ)れたガラスに触らないでください
8. 吸(す)う　　たばこを吸います　　たばこを吸いません
9. 伝(つた)える　　田中(たなか)さんに伝えます　　遅(おく)れると伝えてください
10. 投(な)げる　　ボールを投げます
11. 曲(ま)がる　　右(みぎ)へ曲がります　　あそこを曲がります

B
1. 入口(いりぐち)　　スーパーの入口　　入口のドア　　入口の横(よこ)
2. 出口(でぐち)　　駐車場(ちゅうしゃじょう)の出口　　出口の前(まえ)　　入口と出口(いりぐち)
3. 〜中(ちゅう)　　食事中(しょくじ)　　使用中(しよう)　　会議中(かいぎ)
4. 〜目(め)　　2台目(だいめ)の車(くるま)　　前(まえ)から3人目(にんめ)の人(ひと)
5. 止(と)まる　　車(くるま)が止まります　　時計(とけい)が止まります

II 바로바로 써 먹는 사용법

1. このスーパーの駐車場(ちゅうしゃじょう)は、2,000円以上(えんいじょう)買(か)うと、2時間(じかん)以内は無料(むりょう)です。
2. 入口のドアが開(あ)きません。出口から入(はい)ってください。
3. 初(はじ)めて雪(ゆき)に触(さわ)りました。冷(つめ)たかったです。

触 吸 伝 投 曲
369 308 258 315 243

4 西口：どこかおいしいパン屋を知りませんか。
　高田：ああ、いい店がありますよ。あの角を右へ曲がると、左にあります。
5 川田：もしもし、ＩＭＣの川田ですが、部長はいらっしゃいますか。
　中山：部長は今、席を外しているんですが……。
　川田：じゃ、すみませんが、あしたの会議は来週の月曜日になったと伝えていただけませんか。

Ⅲ 쓱쓱 쓰는 법 익히기

付	ノ	イ	仁	付	付			
角	ノ	ク	乃	甬	角	角		
交	亠	亠	亠	六	交	交		
席	亠	亠	广	广	庐	庐	庐	席	席
荷	一	十	艹	艹	苎	芢	芢	荷	荷
以	丶	乚	以	以	以			
触	ノ	ク	乃	甬	角	角	舯	触	触
吸	丨	口	口	吼	吸	吸		
伝	ノ	イ	仁	仁	伝	伝		
投	一	十	才	扌	扩	投	投		
曲	丨	冂	巾	曲	曲	曲		

척척 한자 박사

정리 | 여러가지 읽는 방법

入 ─ 入口（いりぐち） 日の入り[1]（ひのい） ⁺缶入り[2]（かんい） ビタミン入り[3]（い）
　　入れます（い） 入れ物[4]（いれもの） 押し入れ（おしい）
　　入ります（はい）
　　入学（にゅうがく） 入社[5]（にゅうしゃ） 入院[6]（にゅういん）

[1] 일몰
[2] 깡통/캔에 들어 있는
[3] 비타민이 함유된
[4] 컨테이너
[5] 입사
[6] 입원

읽기 |

運転練習中
（れんしゅう）

　わたしは先月から、自動車学校へ行っています。今、運転の練習中です。まず、学校の中で運転を練習しました。そして、**交通** ⁺**規** ⁺**則**（きそく）を勉強しました。それから、試験を受けました。

　そして、きのう、初（はじ）めて外の道を走りました。車は多いし、速（はや）いし、とても怖（こわ）かった[1]です。**角**を左に**曲**がるとき、急（きゅう）に[2]、横に座っていた先生が「**止まれ**！」と言いました。左側を見ると、自転車が走っていました。もし、先生がいなかったら、**交通事** ⁺**故**（じこ）になったかもしれません。

[1] 怖い 무섭다　[2] 急に 갑자기　[3] 交通事故 교통 사고

한자 달인

町なでよく見る漢字
まち　　　　　　　み　かんじ

どういう意味ですか？
い　み

〜口

入口　　出口　　⁺非⁺常口
　　　　　　　　ひ　じょうぐち

〜中

使用中　　⁺営業中
しよう　　えいぎょう

〜⁺禁止
　　きんし

使用⁺禁止　　立入⁺禁止　　駐車⁺禁止
　　　　　　たちいり

Lesson 33 | 51

Lesson 34　塩 番 号 甘 辛 苦

I　술술 읽는 법 익히기

A
1. 塩（しお）　　塩を取ります　　塩を入れます
2. 番号（ばんごう）　　部屋の番号　　電話番号　　ファクス番号
3. ～番（ばん）　　1番　　5番の答え　　3番目の子ども
4. 甘い（あま）　　甘いみかん　　甘い物（もの）
5. 辛い（から）　　辛いカレー　　辛い物（もの）
6. 苦い（にが）　　苦いコーヒー　　苦いお茶（ちゃ）　　苦い薬（くすり）
7. 細い（ほそ）　　細い木（き）　　細い枝（えだ）　　細い道（みち）
8. 踊る（おど）　　踊りを踊ります　　お祭りで踊ります（まつ）
9. 磨く（みが）　　歯を磨きます（は）　　ガラスを磨きます　　靴を磨きます（くつ）
10. 乗り換える（の か）　　電車を乗り換えます（でんしゃ）　　次の駅で普通に乗り換えます（つぎ えき ふつう）
11. 質問する（しつもん）　　先生に質問します（せんせい）　　質問があります

B
1. 手伝う（てつだ）　　母を手伝います（はは）　　仕事を手伝います（しごと）
2. 見つける（み）　　いいレストランを見つけました　　仕事を見つけました（しごと）
3. 見つかる（み）　　かぎが見つかりました　　仕事が見つかりません（しごと）
4. 先に（さき）　　先に出かけます（で）　　先に行きます（い）　　お先にどうぞ

II　바로바로 써 먹는 사용법

1. ケーキを作るとき、砂糖と塩をまちがえました。食べられませんでした。
（つく　さとう　　　　　　　　　　　　　　　　た）
2. コンサートに行きます。席の番号はA-31番です。いちばん前の席です。
（い　　　せき　　　　　　　　　　　　　　まえ）
3. 主人は甘い物が好きです。いつも、食事の後で甘いお菓子を食べます。
（しゅじん　もの　す　　　　　しょくじ あと　　　かし　た）

細	踊	磨	換	質
351	370	490	322	450

4 いい薬は**苦い**ですが、病気が早く治ります。

5 息子は５歳ですから、まだ一人で歯が**磨け**ません。歯を**磨く**ときは、わたしが**手伝い**ます。

6 近くの駅から電車に乗って、それから地下鉄に**乗り換えて**、空港へ行きます。だいたい１時間です。

7 **質問**がある人は手を上げてください。

8 おじいちゃんは**踊る**ことが好きです。音楽が聞こえると、体が動きます。

9 まだ仕事が終わりませんから、**先**に帰ってください。

10 スペイン語を**習い**たいんですが、なかなかいい学校が見つかりません。

Ⅲ 쓱쓱 쓰는 법 익히기

塩	土	圡	圹	圹	垆	垆	垍	塩	塩
番	一	〜	罒	平	平	釆	番	番	番
号	丶	口	口	号	号				
甘	一	十	廿	甘	甘				
辛	丶	一	亠	쇼	立	立	辛		
苦	一	十	艹	䒑	苦	苦	苦	苦	
細	幺	幺	乡	糸	糸	細	細	細	
踊	口	足	足	足	趴	趴	踊	踊	踊
磨	亠	广	庁	庁	庁	麻	麻	磨	磨
換	扌	扌	扩	护	抪	捣	捣	換	換
質	丶	丷	斤	斤	所	所	斦	質	質

Lesson 34 | 53

척척 한자 박사

| 연습 | 맛을 표현하는 말로 알맞은 것을 선으로 연결하세요.

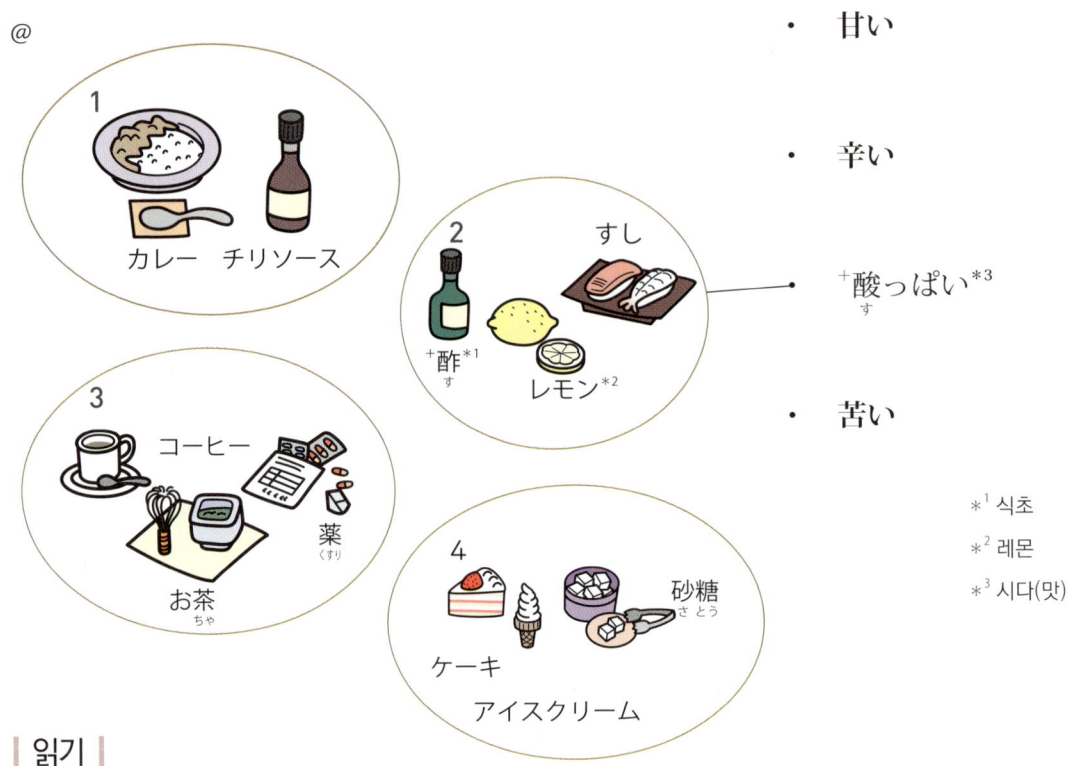

・甘い

・辛い

・⁺酸っぱい*³
　す

・苦い

*¹ 식초
*² 레몬
*³ 시다(맛)

| 읽기 |

デート*

明：おいしいタイ料理のレストランを見つけたんだけど、行かない？
あきら
雪：すみません。わたし、辛い物は、だめなんです。
ゆき
明：じゃ、フランス料理はどう？　ケーキもおいしいよ。
雪：うーん、甘い物もちょっと……。
　　あー、春は眠いですねえ。
明：じゃ、苦いコーヒーでも飲みに行かない？
雪：あのう、今日は彼と踊りに行くんです。
　　　　　　　　かれ
明：あ……。

*デート 데이트

| 정리 | 한자의 모양 |

| 口 | 員 30 | 足 165 | 兄 203 | 号 417 | 品 418 |

1 席の番号は何番ですか。
2 このスーパーは少し高いですが、品物がいいです。

| 立 | 音 185 | 意 217 | 辛 441 | 産 442 |

1 この店の料理は辛いです。子どもにはちょっと無理です。
2 何か意見がある人は、手を上げて、言ってください。

| 广 | 店 110 | 広 135 | 度 182 | 席 487 | 座 488 | 庭 489 | 磨 490 |

1 毎朝、出かける前に、靴を磨きます。
2 映画を見に行きます。早く行って、いい席を見つけようと思っています。
3 教室では、みんな席に座って、きのう習った漢字を復習しています。

Lesson35　島　村　葉　緑　活　向

I　술술 읽는 법 익히기

A
1. 島（しま）　小さい島（ちい）　南の島（みなみ）　島の人（ひと）　島に住んでいます（す）
2. 村（むら）　町と村（まち）　村の祭り（まつ）　村の学校（がっこう）
3. 葉（は）　花と葉（はな）　赤い葉（あか）　木の葉（き）　葉の色が変わります（いろ　か）
4. 緑（みどり）　緑のセーター　緑が多い（おお）　緑がありません
5. 生活（せいかつ）　外国の生活（がいこく）　学生生活（がくせい）　楽な生活（らく）
6. 向こう（む）　向こうの島（しま）　向こうの方（ほう）　川の向こう側（かわ　がわ）
7. 珍しい（めずら）　珍しい動物（どうぶつ）　珍しい料理（りょうり）　珍しい切手（きって）
8. 変える（か）　仕事を変えます（しごと）　髪の形を変えます（かみ　かたち）
9. 変わる（か）　色が変わります（いろ）　電話番号が変わりました（でんわばんごう）
10. 捨てる（す）　ごみを捨てます　ごみ箱に捨てます（ばこ）
11. 拾う（ひろ）　ごみを拾います　道で10円拾いました（みち　えん）

B
1. 近所（きんじょ）　近所の店（みせ）　近所の人（ひと）　近所にパン屋があります（や）
2. 屋上（おくじょう）　ビルの屋上　屋上から見える景色（み　けしき）　屋上に上がります（あ）
3. 港（みなと）　港と空港（くうこう）　港に入る船（はい　ふね）　港で船に乗ります（の）
4. 機会（きかい）　友達に会う機会（ともだち　あ）　機会がありません
5. 楽しみ（たの）　正月の楽しみ（しょうがつ）　楽しみです
6. 熱い（ねつ）　熱いお湯（ゆ）　エンジンが熱くなります
7. 正しい（ただ）　正しい答え（こた）　正しい方法（ほうほう）

珍 変 捨 拾
341 464 320 319

II 바로바로 써 먹는 사용법

1. お正月は家族と南の**島**へ行く予定です。今からとても**楽**しみです。
2. 娘はこの春、小学校に入学します。**村**の小学校はとても小さいです。
   子どもは全部で5人です。中学校は**村**にはありません。
3. 秋になると、**緑**だった木の**葉**の色が赤や⁺黄色に**変**わります。
4. この町は**緑**が少ないです。どこか**緑**が多い所に住みたいです。
5. このビルの屋上から**港**が見えます。
6. 日本の生活に慣れました。**熱**いおふろが好きになりました。
7. 学校で毎日、漢字の**正**しい書き方を習います。
8. まちがえて、大切な⁺資料を**捨**ててしまいました。
9. 先週、**港**の近くで**珍**しい魚が見つかりました。初めて見る魚です。

III 쓱쓱 쓰는 법 익히기

島	′	↑	⼍	戶	鸟	鳥	鳥	島	島
村	一	十	才	木	村	村			
葉	一	⺾	⺾	芊	苎	荅	苹	葉	葉
緑	⺡	幺	糸	糸	糹	紀	紀	紀	緑
活	′	⺡	⺡	⺡	汒	汗	汗	活	活
向	′	⼍	冂	向	向	向			
珍	一	T	王	王	王	珍	珍	珍	珍
変	′	一	ナ	亦	亦	亦	変	変	変
捨	十	扌	扌	扩	扲	捊	捨	捨	捨
拾	一	十	扌	扌	扲	扲	扲	拾	拾

Lesson 35 | 57

척척 한자 박사

| 연습 | 한자를 만들어 보세요.

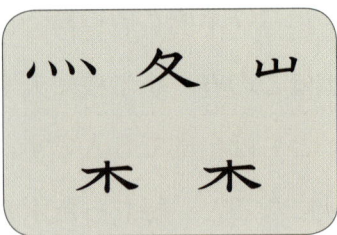

1 日本の生 [氵] かつ
   にほん せい

2 [王] しい動物
   めずら   どうぶつ

3 [糸] が多い町
   みどり おお まち

4 [木] の学校
   むら   がっこう

5 ごみを [扌] てる
         す

6 ごみを [扌] う
         ひろ

7 木の [笹] は
   き

8 [冹] しみが多い
   たの   おお

9 南の [鳥] しま
   みなみ

10 色が [亦] わる
   いろ   か

11 [熱] いお茶
   あつ   ちゃ

정리   여러 가지 읽는 방법

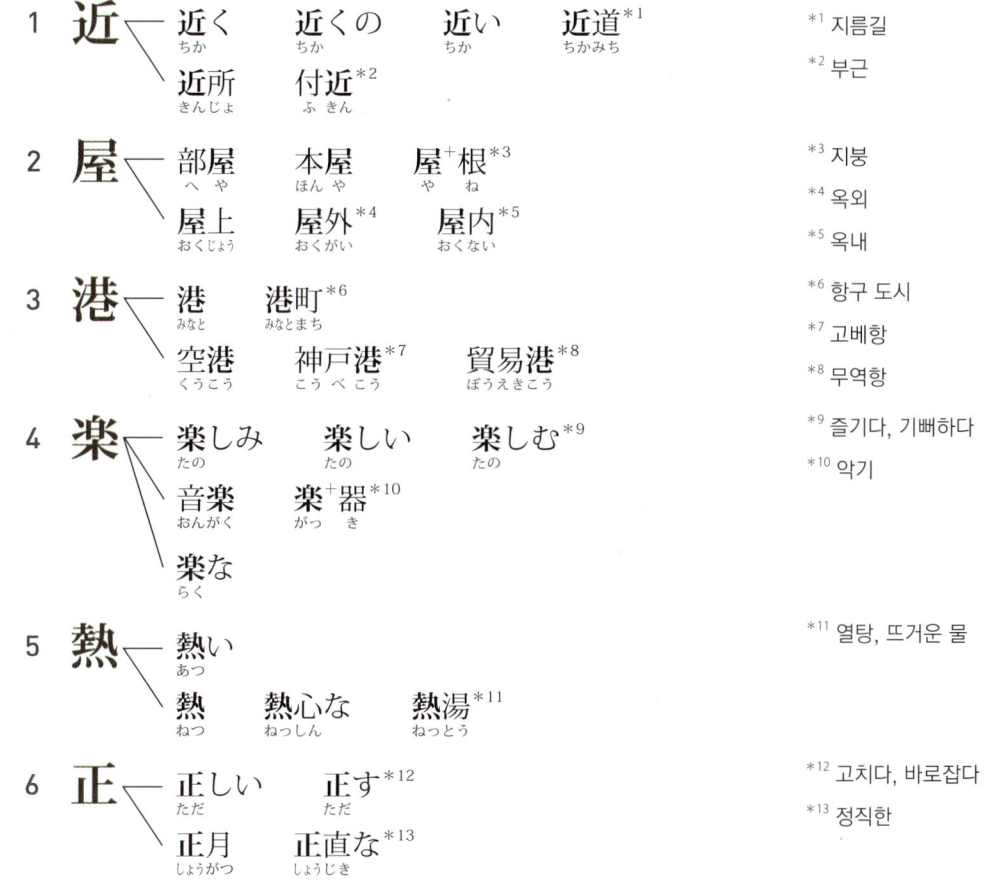

읽기

緑の島

　この島は、緑が多くて、とてもきれいです。⁺森*には珍しい木や花があります。珍しい動物も住んでいます。
　去年、この島に橋ができました。村の生活が変わりました。人もごみも多くなりました。
　今日、近所の人と山の中や港を歩いて、ごみを拾いました。
　今度、島のごみの問題について考える機会を作りたいと思います。そして、ごみを捨てた人にも、ごみの問題を考えてもらいたいと思います。

＊森 숲

복습 2 (~lesson35)

I

木	机	村	横	機
	326	327	331	333

1　ごみ箱はあの＿＿の＿＿にあります。
　　ばこ　　　　つくえ　　よこ

2　＿＿会があったら、もう一度、日本へ来たいです。
　　き かい　　　　　　　いちど　にほん　き

3　冬、この＿＿は雪が多いです。
　　ふゆ　　　　むら　ゆき おお

II

糸	約	細	経	絵	続	緑
	350	351	352	354	355	356

1　飛行機はもう予＿＿しましたか。
　　ひこうき　　　　よ やく

2　このひもは＿＿いです。もう少し太いのはありませんか。
　　　　　　　ほそ　　　　　すこ ふと

3　ワット先生は熱心だし、＿＿験もあります。
　　　　せんせい ねっしん　　けい けん

4　旅行に行くとき、いつも＿＿をかく道具を持って行きます。
　　りょこう い　　　　　　え　　　どうぐ も い

5　毎日、暑い日が＿＿いています。
　　まいにち あつ ひ　　つづ

6　静かな所ですね。木の＿＿がとてもきれいですね。
　　しず どころ　　　き みどり

III

艹	苦	荷	葉	夢	落
	407	409	412	413	414

1　薬を飲みます。＿＿い薬です。
　　くすり の　　　　にが

2　＿＿物が多いですから、タクシーを呼びましょう。
　　に もつ おお　　　　　　　　　　よ

3　この木の＿＿は秋になると、赤くなります。
　　　　き　　は あき　　　　　あか

4　わたしの＿＿は自分の店を持つことです。
　　　　　　ゆめ じぶん みせ も

5　ポケットに入れたお金を＿＿としてしまいました。
　　　　　　　い　　かね お

I. 1.机 2.横 3.村　II. 1.約 2.細 3.経 4.絵 5.続 6.緑　III. 1.苦 2.荷 3.葉 4.夢 5.落

Ⅳ | 木 | 楽186 葉412 柔466 集467 |

1 世界の切手を＿＿めています。
　 せかい きって　　あつ

2 １週間に１回、＿＿道の教室へ行きます。＿＿しみです。
　 しゅうかん かい じゅうどう きょうしつ い　　たの

3 ５月の山は木の＿＿の緑がきれいです。
　 がつ やま き　は　　みどり

Ⅴ | 氵 | 汚273 泳277 治280 活281 消285 港289 湯290 |

1 この川の水は＿＿れていますから、＿＿げません。
　 かわ みず　よご　　　　　　　　およ

2 熱いお＿＿ですから、気をつけてください。
　 あつ　ゆ　　　　　　き

3 この飛行機は何時に空＿＿に着きますか。
　 ひこうき なんじ くうこう つ

4 船の生＿＿は毎日、同じです。＿＿に着いたとき、うれしいです。
　 ふね せいかつ まいにち おな　　みなと つ

5 けがはもう＿＿りましたか。
　 　　　　　 なお

6 事務所の電気が＿＿えていますから、みんなもう帰ったと思います。
　 じむしょ でんき　き　　　　　　　　　　　　かえ　 おも

Ⅳ 한자를 만들어 보세요.

1 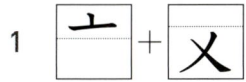　宿題の作＿＿を書かなければなりません。
　　　　　　　　　しゅくだい さくぶん か

2 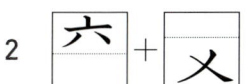　日本は＿＿通が便利です。
　　　　　　　　　にほん こうつう べんり

3 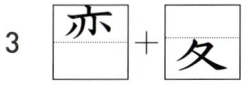　秋になると、木の葉の色が＿＿わります。
　　　　　　　　　あき　　　　き は いろ か

4 交 + 十　来年、大学を＿＿業します。
　　　　　　らいねん だいがく そつぎょう

5 亡 + 心　電車にかばんを＿＿れてしまいました。
　　　　　　でんしゃ　　　　　わす

Ⅳ.1.集 2.柔、楽 3.葉　Ⅴ.1.汚、泳 2.湯 3.港 4.活、港 5.治 6.消
Ⅵ.1.文 2.交 3.変 4.卒 5.忘

Lesson36　工　記　耳　歯　野　菜
224　360　244　431　371　411

I 술술 읽는 법 익히기

A
1. 工場(こうじょう)　　大(おお)きい工場　　町(まち)の工場　　工場ができます
2. 日記(にっき)　　夏休(なつやす)みの日記　　日記を書(か)きます
3. 耳(みみ)　　目(め)と耳　　大(おお)きい耳　　犬(いぬ)の耳
4. 歯(は)　　歯を磨(みが)きます　　歯が痛(いた)いです
5. 歯医者(はいしゃ)　　近(ちか)くの歯医者　　歯医者へ行(い)きます
6. 野菜(やさい)　　新(あたら)しい野菜　　野菜の料理(りょうり)　　野菜ジュース
7. 低(ひく)い　　低いビル　　低いテーブル　　背(せ)が低い
8. 太(ふと)い　　太い木(き)　　太い枝(えだ)　　太いひも
9. 弱(よわ)い　　弱いチーム　　体(からだ)が弱いです　　力(ちから)が弱いです
10. 若(わか)い　　若い人(ひと)　　若い先生(せんせい)
11. 特別(とくべつ)な　　特別な日(ひ)　　特別な人(ひと)　　特別な料理(りょうり)
12. 太(ふと)る　　少(すこ)し太りました　　太っています
13. 打(う)つ　　ワープロを打ちます
14. 過(す)ぎる　　5時(じ)を過ぎます　　約束(やくそく)の時間(じかん)を10分(ぷん)過ぎました
15. 違(ちが)う　　違う国(くに)の人(ひと)　　サイズが違います　　習慣(しゅうかん)が違います
16. 必(かなら)ず　　必ず行(い)きます　　必ず連絡(れんらく)してください

B
1. 水泳(すいえい)　　水泳が好(す)きです　　水泳を習(なら)います
2. 気持(きも)ち　　子(こ)どもの気持ちがわかりません　　気持ちを伝(つた)えます
3. 慣(な)れる　　慣れない仕事(しごと)　　新(あたら)しい生活(せいかつ)に慣れました

低	太	弱	若	別	打	過	違	必
260	226	250	408	382	314	504	507	232

II 바로바로 써 먹는 사용법

1. 最近、太りました。水泳をして、野菜だけ食べています。必ずやせます。
2. 今日は特別な日ですから、特別な料理を作って、待っていました。もう、12時を過ぎました。でも、妻はまだ帰りません。
3. きのう、近所の歯医者へ行きました。でも、治りません。あしたは、違う歯医者へ行きます。

III 쓱쓱 쓰는 법 익히기

工	一	T	工						
記	丶	亠	言	言	言	言	訁	記	記
耳	一	T	F	F	耳	耳			
歯	丨	ト	爿	屮	步	歩	歯	歯	歯
野	丶	口	日	甲	里	野	野	野	野
菜	一	艹	艹	艹	艹	苙	苙	荬	菜
低	丿	イ	イ	仁	仟	低	低		
太	一	ナ	大	太					
弱	乛	弓	弓	弓	弓	弱	弱	弱	弱
若	一	十	艹	艹	艹	若	若		
別	丨	口	口	另	别	別	別		
打	一	十	扌	打	打				
過	冂	冂	冂	冏	咼	咼	咼	渦	過
違	丶	十	井	吾	查	查	韋	違	違
必	丶	丷	必	必	必				

Lesson 36

척척 한자 박사

연습 빈칸에 들어갈 반대말을 알맞게 넣어 봅시다.

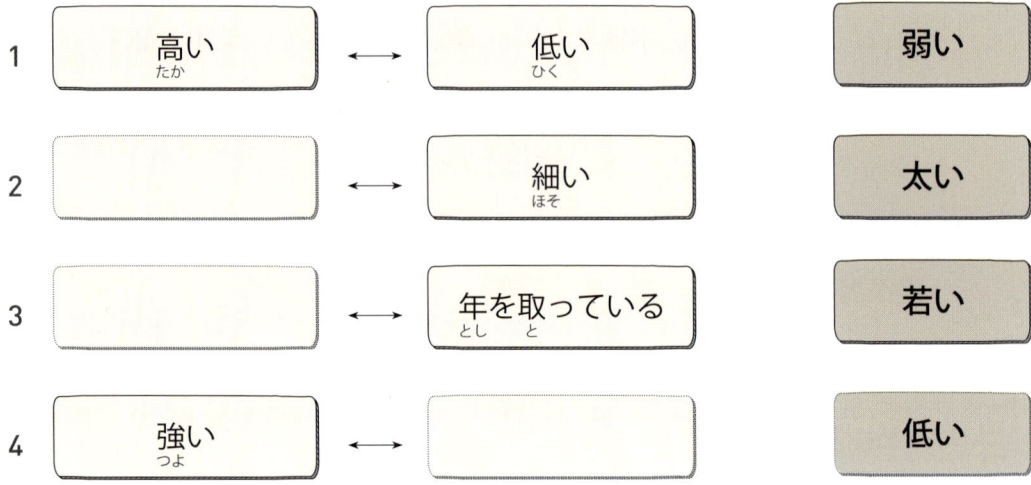

읽기

若子さんの日記
　　わかこ

8月1日（水）雨
　ああ、⁺疲れた……。東京へ来て、1週間過ぎた。新しい工場で働いて、今日で3日目。生活も、仕事も、全然違うから、大変だ。早く慣れなければならない。

8月4日（土）⁺晴れ
　　　　　　　　は
　今日は土曜日。休みだった。昼までゆっくり寝て、それから、海へ行った。天気がよかったから、水泳もした。それから、おいしい物を食べて、ビールを飲んだ……ああ、楽しかった。

2. 太い 3. 若い 4. 弱い

| 연습 | 신체를 나타내는 단어를 써 봅시다.

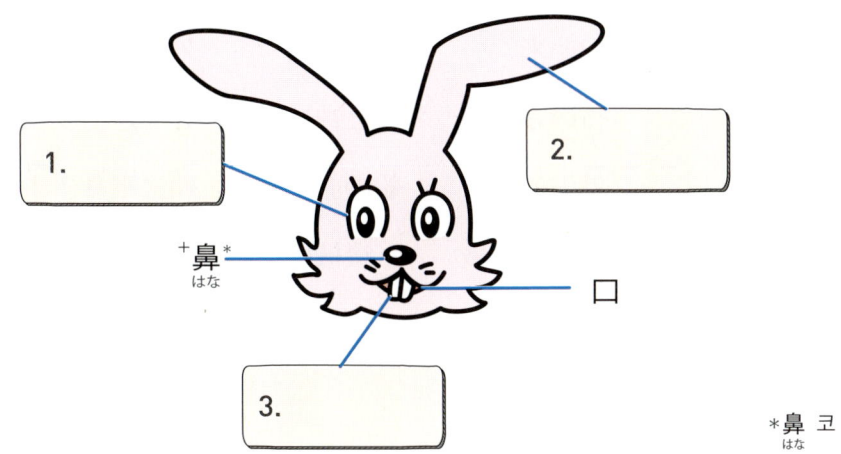

| 정리 | 「気」를 사용한 단어

1　元気な人
2　病気の人
3　気分
4　気分がいい
5　気分が悪い
6　気持ち
7　気持ちがいい
8　気持ちが悪い
9　気が長い　참을성이 있다
10　気が短い　성미가 급하다
11　気が強い　기가 세다
12　気が弱い　기가 약하다, 마음이 약하다

13　気が大きい　통이 크다, 관대하다
14　気が小さい　소심하다
15　気が楽な　마음이 편한
16　気が合う　마음이 맞다
17　気が変わる　마음이 변하다
18　気をつける
19　気がつく
20　気を使う　신경을 쓰다, 마음을 쓰다
21　気にする　마음에 두다, 걱정하다
22　気になる　마음에 걸리다, 걱정이 되다
23　気を落とす　낙심(실망)하다

1. 目　2. 耳　3. 口

Lesson37　米　寺　船　械　呼　頼

I 술술 읽는 법 익히기

A
1. 米（こめ）　　白い米（しろ）　　お米とご飯（はん）　　米を洗います（あら）
2. 寺（てら）　　古い寺（ふる）　　お寺と神社（じんじゃ）　　寺を建てます（た）
3. 船（ふね）　　外国の船（がいこく）　　船の旅行（りょこう）　　船に乗ります（の）
4. 機械（きかい）　　新しい機械（あたら）　　機械に触らないでください（さわ）
5. 呼ぶ（よ）　　子どもを呼びます（こ）　　母に呼ばれました（はは）
6. 頼む（たの）　　仕事を頼みます（しごと）　　娘に買い物を頼みます（むすめ　か　もの）
7. 注意する（ちゅうい）　　車に注意します（くるま）　　先生に注意されました（せんせい）
8. 招待する（しょうたい）　　パーティーに招待します　　友達をうちに招待します（ともだち）
9. 輸出する（ゆしゅつ）　　米を輸出します（こめ）　　車を世界中の国へ輸出します（くるま　せかいじゅう　くに）

B
1. 消す（け）　　電気を消します（でんき）　　テレビを消します
2. 起こす（お）　　子どもを起こします（こ）　　7時に妹を起こします（じ　いもうと）
3. 行う（おこな）　　会議を行います（かいぎ）　　3月に卒業式が行われます（がつ　そつぎょうしき）
4. 利用する（りよう）　　地下鉄を利用します（ちかてつ）　　パソコンを利用します

II 바로바로 써 먹는 사용법

1. わたしの小学校では毎朝、先生が子どもの名前を呼びます。
　（しょうがっこう　まいあさ　せんせい　こ　なまえ　よ）

2. 兄は大学で機械の勉強をしました。大学を卒業してから、飛行機の会社で働いています。
　（あに　だいがく　べんきょう　そつぎょう　ひこうき　かいしゃ　はたら）

3. オーストラリアの肉は安くて、おいしいです。ですから、いろいろな国へたくさん肉を輸出しています。
　（にく　やす　くに）

注　招　輸

4　今日は大切な試験の日です。試験の時間に遅れないように、父に**起こし**てもらいました。

5　子どもが生まれて、会社をやめました。そして、家でインターネットを**利用**して、新しい仕事を始めました。

6　部屋を出る前に、窓を閉めて、電気を**消して**ください。

7　わたしの国はタイです。タイは**米**をたくさん**輸出**しています。

8　週末はいつも、友達をわたしの船に**招待**して、パーティーをします。

9　毎年、お正月には、家族といっしょに京都の**お寺**へ行きます。1,000年前に建てられた有名な**お寺**です。

10　今日は忙しいですから、妻に買い物を**頼み**ました。

Ⅲ 쓱쓱 쓰는 법 익히기

米	丶	丷	二	半	米	米			
寺	一	十	土	圭	寺	寺			
船	ノ	ノ	力	肖	舟	舟	舟	船	船
械	十	木	木	杆	杆	柄	械	械	械
呼	丶	口	口	口	吖	吖	呼		
頼	一	戸	肀	東	束	束	新	頼	頼
注	丶	丶	氵	氵	泞	汴	注	注	
招	一	十	扌	扌	扪	扨	招	招	
輸	帀	亘	車	軒	軒	軒	輪	輪	輸

척척 한자 박사

연습 I 한자를 만들어 봅시다.

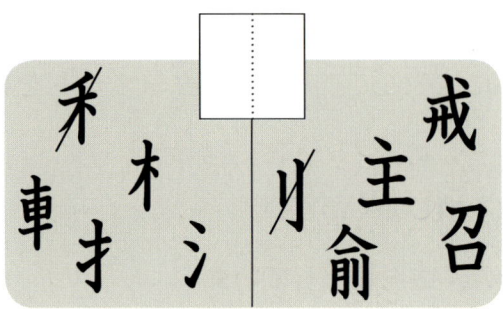

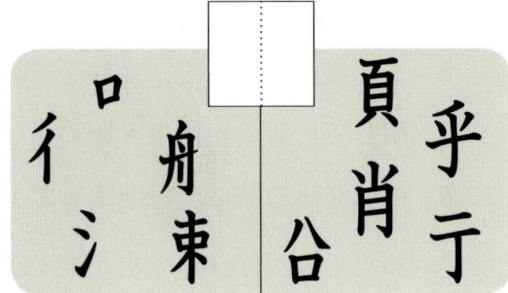

1. 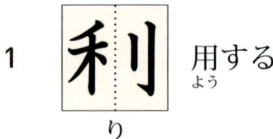 用する
   り　　よう

6.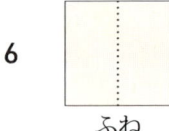
   ふね

2. 機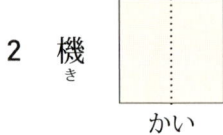
   き　　かい

7.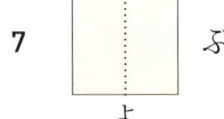
   ぶ
   よ

3. 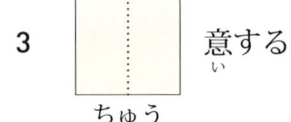 意する
   ちゅう　い

8.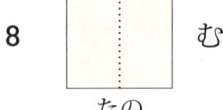
   む
   たの

4. 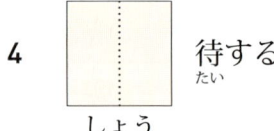 待する
   しょう　たい

9.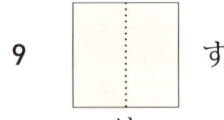
   す
   け

5.  出する
   ゆ　　しゅつ

10.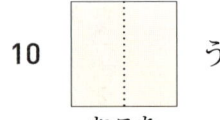
    う
    おこな

도전   단어의 의미를 생각해 보세요.

1 輪 : 1) 輸出   2) 輸入(ゆにゅう)   3) 輸送(ゆそう)   4) 空輸(くうゆ)

2 注 : 1) 注意   2) 注目(ちゅうもく)   3) 注文(ちゅうもん)

연습 II   알맞은 단어를 골라 보세요.

1 電気(でんき)を（ 消えます ・ 消します ）。

2 朝(あさ)、母(はは)を（ 起きます ・ 起こします ）。

3 午後(ごご)3時(じ)から、会議(かいぎ)を（ 行います ・ 行きます ）。

4 あしたのパーティーに（ 注意されました ・ 招待されました ）。

5 アジアの国(くに)では、（ 米 ・ 船 ・ 寺 ）をよく食(た)べます。

읽기

⁺釣り

　父は⁺釣りが好きです。休みを利用して、よく⁺釣りに行きます。インターネットでアメリカに注文(ちゅうもん)して、輸入(ゆにゅう)した新しい⁺釣りの道具がきのう届(とど)きました。
　今日は、わたしも父といっしょに⁺釣りに行きます。⁺釣りの日は朝が早いです。父に朝4時に**起こされました**。
　今日は**船**に乗って、⁺釣りをします。港で船を**頼み**ました。**船**の人が、エンジンやいろいろな**機械**の調子を見ています。
　船の人がわたしたちを**呼ん**でいます。海に落ちない*¹ように**注意**して、**船**に乗ります。さあ、出発(しゅっぱつ)*²です。今日は魚がたくさん⁺釣れる*³でしょうか。

*¹ 落ちる 떨어지다   *² 出発 출발   *³ 釣る 낚다

Lesson 37 | 69

Lesson 38　枝 岸 卵 橋 冊 製

I　술술 읽는 법 익히기

A
1. 枝（えだ）　　木の枝（き）　　細い枝（ほそ）　　太い枝（ふと）
2. 海岸（かいがん）　　朝の海岸（あさ）　　夜の海岸（よる）　　きれいな海岸
3. 卵（たまご）　　大きい卵（おお）　　小さい卵（ちい）　　卵を買います（か）
4. 橋（はし）　　長い橋（なが）　　新しい橋（あたら）　　橋ができました
5. ～冊（さつ）　　ノートを1冊買います（か）　　本を2冊借ります（ほん／か）
6. ～製（せい）　　日本製（にほん）　　中国製（ちゅうごく）　　イギリス製　　イギリス製のスーツ
7. 無理な（むり）　　無理なダイエット　　無理をします
8. 難しい（むずか）　　難しい本（ほん）　　難しい問題（もんだい）　　難しい質問（しつもん）
9. 易しい（やさ）　　易しい本（ほん）　　易しい問題（もんだい）　　易しい日本語（にほんご）
10. 散歩する（さんぽ）　　海岸を散歩します（かいがん）　　公園へ散歩に行きます（こうえん／い）
11. 育てる（そだ）　　花を育てます（はな）　　野菜を育てます（やさい）　　子どもを育てます（こ）
12. 亡くなる（な）　　父が亡くなりました（ちち）　　母が亡くなりました（はは）

B
1. 赤ちゃん（あか）　　元気な赤ちゃん（げんき）　　大きい赤ちゃん（おお）　　6か月の赤ちゃん（げつ）
2. 研究室（けんきゅうしつ）　　大学の研究室（だいがく）　　ワット先生の研究室（せんせい）
3. 小さな（ちい）　　小さな手（て）　　小さな駅（えき）　　小さなレストラン
4. 大きな（おお）　　大きな手（て）　　大きな木（き）　　大きな夢（ゆめ）
5. 大変な（たいへん）　　大変な仕事（しごと）　　大変な1日（にち）
6. 入院する（にゅういん）　　1週間入院します（しゅうかん）　　神戸病院に入院します（こうべびょういん）
7. 運ぶ（はこ）　　荷物を運びます（にもつ）　　料理を運びます（りょうり）

無	難	易	散	育	亡
455	392	433	390	479	235

II 바로바로 써 먹는 사용법

1 鳥の声が聞こえます。あ、あの木の枝にいますよ。きれいな色の鳥ですね。

2 あ、いけない。卵を買うのを忘れた。

3 研究は大変です。毎晩、10時ごろまで研究室にいます。母に「無理をしないように」と言われます。

4 易しい試験はおもしろくないです。難しい試験は好きじゃありません。

5 きのう、部長が亡くなりました。部長は先週から入院していました。

6 今、図書館から本を2冊借りています。あと3冊、借りられます。

7 イタリア製の車、ドイツ製の車、アメリカ製の車。どれを買いますか。

III 쓱쓱 쓰는 법 익히기

枝	一	十	才	木	村	朾	朸	枝
岸	′	屮	山	屵	戸	岇	岸	岸
卵	′	⺁	⺁	白	卯	卵	卵	
橋	木	杧	柊	棒	柱	梏	桥	橋	橋
冊	丨	冂	冊	冊	冊			
製	′	⺀	匕	告	制	製	製	製	製
無	ノ	㇒	二	无	無	無	無	無
難	艹	艹	苩	苩	菓	難	難	難	難
易	′	口	日	日	尸	号	易	易
散	一	艹	艹	艹	苜	背	散	散	散
育	′	亠	云	去	育	育	育	育
亡	′	亠	亡					

척척 한자 박사

연습 I 한자의 읽는 방법이 같은 것을 모았습니다.

1 大：大きな と 大変な はどこに入りますか。
　　　　　　　　　　　　　　　　　　たいへん

① 大きい / 大雨*1
　おお
　おおあめ

② 大切な / 大使館
　たいせつ
　たいしかん

③ 大学 / 大学院 / 大発明*2
　だいがく
　だいがくいん
　だいはつめい

*1 大雨 큰 비
*2 大発明 대발명

2 小：小さな はどこに入りますか。
　　　　ちい

① 小さい
　ちい

② 小学校 / 小説 / 小説家
　しょうがっこう
　しょうせつ
　しょうせつか

③ 小鳥*1
　ことり

④ 小川*2
　おがわ

*1 小鳥 작은 새
*2 小川 시내, 개울

연습 II 밑줄 친 한자의 읽는 법을 써 봅시다.

1 入： 入院する　　入学する　　入る　　入口　　入れる
　　　　　　　　　にゅうがく　　　はい　　いりぐち　　い

2 運： 運ぶ　　運転する　　運動する
　　　　　　　うんてん　　　うんどう

3 海： 海岸　　海外　　海
　　　　　　　かいがい　　うみ

4 歩： 散歩する　　歩く　　歩いて
　　　　　　　　　ある　　ある

연습 III

1 歩＋道　→　歩道　・　　・a. 人が歩く道
　　　　　　　ほどう　　　　　ひと ある みち

2 教＋育　→　教育　・　　・b. 工場で作られた品物
　　　　　　　きょういく　　　こうじょう つく しなもの

3 製＋品　→　製品　・　　・c. だれも住んでいない島
　　　　　　　せいひん　　　　　　す　　　しま

4 無＋人＋島　→　無人島　・　　・d. 人に教えること、人を育てること
　　　　　　　　　むじんとう　　　ひと おし　　　ひと そだ

정답: I. 1.大きな② 大変な① 2.小さな① II. 1)にゅういん 2)はこぶ 3)かいがん 4)さんぽ III. 1.a 2.d 3.b 4.c

읽기

1. わたしの島

わたしが生まれたのは、この島です。子どものとき、この**海岸**の近くに住んでいました。きれいな**海岸**でしょう？

春には、⁺**貝**[*1]を拾いました。**小さな**⁺**貝**でネックレス[*2]を作りました。

夏には、魚といっしょに泳ぎました。**小さな**魚も**大きな**魚も友達でした。

秋、**海岸**は静かです。ここで一人で海を見て、海の向こうの**大きな**町に住みたいと思いました。

この島を出たのは、冬の日でした。風が強い日でした。船から遠くなる島を見ていました。

今、あなたとこの島へ帰って来ました[*3]。そして、この**海岸**を**散歩**しています。

[*1] 貝 조개, 조가비 [*2] ネックレス 목걸이 [*3] 帰って来る 돌아오다

2.「橋」がつく駅はいくつ？

大⁺阪に大きい川があります。昔、この川を通って[*]、船で人や荷物を**運び**ました。

今は、地下鉄や車で人や荷物を**運ん**でいます。でも、地下鉄の駅の中に、「橋」の字がつく駅がたくさんあります。

右は大阪の地下鉄の図です。「橋」の字がつく駅を見つけてください。

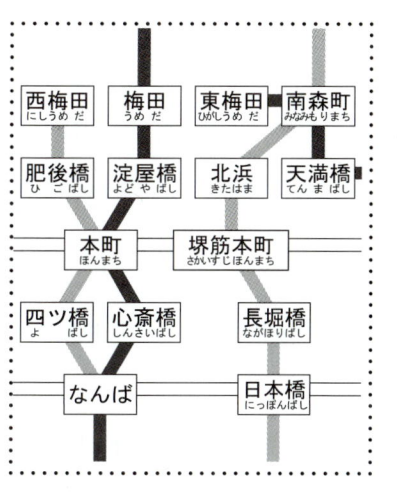

[*] 通る 통과하다, 지나다, 통하다

Lesson 39　　震　狭　代　恥　困　死
454　304　257　366　511　340

I　술술 읽는 법 익히기

A
1. 地震(じしん)　　大(おお)きい地震　　地震がありました　　地震が多(おお)いです
2. 狭(せま)い　　狭い店(みせ)　　狭い道(みち)　　狭い部屋(へや)
3. ～代(だい)　　電話代(でんわ)　　電気代(でんき)　　水道代(すいどう)　　ガス代
4. 恥(は)ずかしい　　恥ずかしい話(はなし)　　恥ずかしい経験(けいけん)
5. 困(こま)る　　困っています　　困ったことがあります
6. 死(し)ぬ　　うちの犬(いぬ)が死にました　　火事(かじ)で２人(ふたり)死にました
7. 心配(しんぱい)する　　子(こ)どものことを心配します　　家族(かぞく)のことを心配します
8. 倒(たお)れる　　木(き)が倒れました　　ビルが倒れました
9. 並(なら)ぶ　　人(ひと)が並んでいます　　電気屋(でんきや)が並んでいます
10. 並(なら)べる　　いすを並べます　　料理(りょうり)を並べます　　品物(しなもの)を並べます
11. 大勢(おおぜい)　　友達(ともだち)が大勢います　　人(ひと)が大勢死(し)にました
12. 途中(とちゅう)で　　来(く)る途中で　　帰(かえ)る途中で　　旅行(りょこう)の途中で

B
1. 安心(あんしん)する　　手紙(てがみ)を読(よ)んで、安心しました
2. 火事(かじ)　　大(おお)きな火事　　火事がありました　　火事が多(おお)いです
3. 汚(きたな)い　　汚い手(て)　　汚い服(ふく)　　汚い水(みず)　　汚い川(かわ)
4. 答(こた)える　　質問(しつもん)に答えます　　次(つぎ)の問題(もんだい)に答えてください
5. 台風(たいふう)　　大(おお)きい台風　　強(つよ)い台風　　台風が来(き)ます
6. 通(とお)る　　明(あか)るい道(みち)を通ります　　台風(たいふう)が通ります

II　바로바로 써 먹는 사용법

1. ここに古(ふる)い建物(たてもの)が並んでいました。全部(ぜんぶ)、地震で倒れました。

配　倒　並　勢　途
372　264　245　457　501

2 今のアパートはちょっと**狭い**です。でも、部屋**代**が安いです。

3 教室で寝てしまいました。先生に起こされました。**恥**ずかしかったです。

4 **困った**なあ。道がわからない。だれか**通ったら**、聞こう。

5 遅いですね。まだ来ません。**途中**で何かあったんでしょうか。**心配**です。

6 10年前の今日、この町で**地震**がありました。人が**大勢**、**死**にました。

7 品物を**並べます**。店を開けます。「安いですよ。いらっしゃい。」

8 ホテルで**火事**がありました。泊まっていた人が4人**死**にました。

9 子どもが「学校へ行かない」と言う。「どうして」と聞いても、**答えない**。

10 **台風**は南の海で生まれて、海の上を**通って**、日本の方へ来ます。そして、時々、日本の上を**通ります**。

Ⅲ 쓱쓱 쓰는 법 익히기

震	一	三	戸	币	乕	乕	霄	霹	震	震
狭	ノ	⺨	⺨	犭	犭	犴	狆	狭	狭	
代	ノ	イ	仁	代	代					
恥	一	T	F	F	耳	耳	耻	恥	恥	
困	｜	冂	冂	用	困	困	困			
死	一	ア	万	歹	歹	死	死			
配	一	厂	冂	币	西	酉	酌	酌	配	
倒	イ	イ	仁	仨	伀	佟	侄	倒	倒	
並	丶	丷	丷	丬	丼	並	並			
勢	十	土	幸	坴	剚	埶	埶	勢	勢	
途	ノ	入	合	今	余	余	涂	涂	途	

척척 한자 박사

연습 I 밑줄 친 한자의 읽는 법을 써 봅시다.

1. 心 : 安心する   心配する(しんぱい)   熱心な(ねっしん)   心 마음(こころ)
2. 汚 : 汚い   汚れる(よご)
3. 答 : 答える   答え(こた)
4. 台 : 台風   ～台(だい)   台所(だいどころ)
5. 通 : 通る   通う(かよ)   交通(こうつう)   普通(ふつう)

연습 II 밑줄 친 한자의 읽는 법을 보고 빈칸을 채워 봅시다.

1. 勢 熱
   1) あの学生(がくせい)は____心です。(ねっ／しん)
   2) 学生(がくせい)が大____住んでいます。(おお／ぜい)

2. 配 酒
   1) お____を飲みます。(さけ／の)
   2) ニュースを聞いて、心____します。(き／しん／ぱい)

연습 III 빈칸에 들어갈 반대말을 알맞게 넣어 봅시다.

1. 1) 心配する ↔ 安心する   死ぬ
   2) 生まれる(う) ↔   答える
   3) 質問する(しつもん) ↔   安心する

2. 1) きれいな 水(みず) ↔   水   狭い
   2) 広い(ひろ) 道(みち) ↔   道   汚い

읽기

1. 地震

　　地震がありました。たくさんの家が**倒れ**ました。**火事**になりました。たくさんの家が**焼け**ました。**大勢**の人が**死に**ました。

　　交通が止まっています。店が閉まっています。食べ物がもうありません。**困って**いたとき、知らない人が食べ物を分けて*くれました。

　　水道の水が出ません。1日に2回、水を運ぶ車が近くまで来ます。車まで水をもらいに行って、うちへ運びます。重い水を持って歩いていたとき、知らない人が手伝ってくれました。

　　5年前の冬でした。忘れません。

*分ける 나누다

2. いっしょに行きませんか

　　ここはこの町でいちばんにぎやかな**所**です。たくさんの店が**並んで**います。

　　この道は車は**通り**ません。だから、**安心して**歩けます。おしゃべりしながらゆっくり品物を見ましょう。いい物が見つかりましたか。

　　おいしいレストランがありますから、おなかがすいたら、行きましょう。**狭くて**、**汚い**ですけど、味は**最高***です。

　　おいしいコーヒーの店がありますから、疲れたら、行きましょう。広くて、きれいで、ゆっくり休めます。

*最高 최고

Lesson 40

都合 385　合　表 399　返 481　次 498　個 262

I 술술 읽는 법 익히기

A
1. 都合(つごう)　都合がいいです　都合が悪(わる)いです
2. 表(おもて)　紙(かみ)の表　はがきの表
3. 返事(へんじ)　返事をします　返事を書(か)きます
4. 次(つぎ)　次の電車(でんしゃ)　次の日(ひ)　次に、このボタンを押(お)します
5. ～個(こ)　りんごを5個買(か)いました　赤(あか)のボタンが6個欲(ほ)しいです
6. 危険(きけん)な　危険な道(みち)　危険な所(ところ)
7. 危(あぶ)ない　危ない所(ところ)　危ない物(もの)
8. 必要(ひつよう)な　必要な物(もの)　車(くるま)が必要です
9. 合(あ)う　サイズが合います　大(おお)きさが合います
10. 間に合(まあ)う　食事(しょくじ)の時間(じかん)に間に合います　飛行機(ひこうき)に間に合います
11. 要(い)る　パスポートが要ります　ビザが要ります
12. 返(かえ)す　お金(かね)を返します　本(ほん)を返します
13. 決(き)める　予定(よてい)を決めます　ホテルを決めます
14. 込(こ)む　デパートが込んでいます　道(みち)が込んでいます
15. 出発(しゅっぱつ)する　あした出発します　8時(じ)に出発します
16. 調(しら)べる　道(みち)を調べます　地図(ちず)を調べます　地図で道を調べます
17. 初(はじ)めに　初めに、野菜(やさい)を切(き)ります　初めに、復習(ふくしゅう)をします
18. 初(はじ)めて　初めて、日本(にほん)へ来(き)ました　初めて、お酒(さけ)を飲(の)みます

B
1. ～以下(いか)　60キロ以下　120センチ以下　10万円(まんえん)以下
2. ～以上(いじょう)　1時間(じかん)以上　10年(ねん)以上　20人(にん)以上
3. ～会(かい)　運動会(うんどう)　新年会(しんねん)　忘年会(ぼうねん)
4. ～本(ほん/ぼん/ぽん)　ビールを6本(ぽん)買(か)います　フィルムを3本(ぼん)持(も)って行(い)きます

危	険	要	決	込	発	調	初
403	295	463	274	496	451	363	347

Ⅱ 바로바로 써 먹는 사용법

1 お祝いのお金は特別な袋に入れます。袋の表に「お祝い」と書きます。
2 彼女から返事が来ません。いつもはすぐ返事をくれますから、心配です。
3 初めに、社長の話があります。次に、部長の話があります。
4 このスーツには赤いネクタイが合いますか、青いネクタイが合いますか。
5 図書館へ行きます。調べたいことがあります。借りている本も返します。
6 あしたはちょっと都合が悪いです。あさってなら、いいんですが。

Ⅲ 쓱쓱 쓰는 법 익히기

都	十	土	耂	耂	者	者	者'	都³	都
合	ノ	人	𠆢	合	合	合			
表	一	十	丰	主	寺	耂	耂	表	
返	一	厂	万	反	反	返	返	返	
次	丶	ン	ソ	冫	汐	次			
個	亻	亻	们	佣	佣	佣	個	個	個
危	ノ	ク	厃	产	危	危			
険	⻖	⻖	⻖	队	阶	阶	阶	険	険
要	一	冖	厉	襾	襾	西	要	要	要
決	丶	冫	氵	汀	江	決	決		
込	ノ	入	込	込	込				
発	フ	癶	癶	癶	癶	癶	癶	癶	発
調	丶	言	言	訂	訂	訂	調	調	調
初	丶	礻	礻	礻	礻	初	初		

Lesson 40 | 79

척척 한자 박사

| 정리 |

個	1個 いっこ	2個 にこ	3個 さんこ	4個 よんこ	5個 ごこ	6個 ろっこ	7個 ななこ	8個 はっこ	9個 きゅうこ	10個 じゅっこ	何個 なんこ
本	1本 いっぽん	2本 にほん	3本 さんぼん	4本 よんほん	5本 ごほん	6本 ろっぽん	7本 ななほん	8本 はっぽん	9本 きゅうほん	10本 じゅっぽん	何本 なんぼん

| 퀴즈 |

1 りんごが5個ありました。7個もらいました。何個になりましたか。

2 旅行します。ホテル代は4万8千円です。飛行機代は3万2千円です。ほかに2万円ぐらいかかります。全部でいくらぐらいお金が必要ですか。

3 東京の友達の家まで車で行きます。うちから8時間かかります。友達の家に午後5時に着きたいです。何時にうちを出発したらいいですか。

4 クリスマスパーティーに行きます。千円以下のプレゼントを持って行きます。ちょうど*千円になるように、品物を2つ選んでください。

　　　　　　　　　　　　　　　　　　　　　　　　*ちょうど 꼭, 정확히

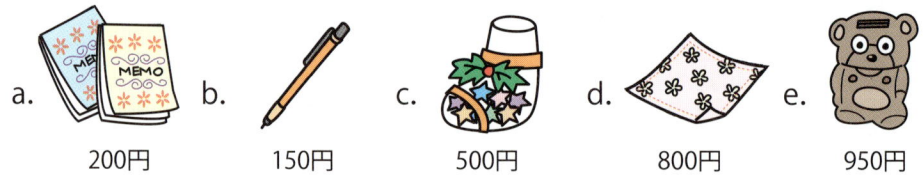

a. 200円　　b. 150円　　c. 500円　　d. 800円　　e. 950円

| 연습 |

1　今年も頑張りましょう。　　　　　・　　　　・a. 新年会
2　今年1年、お疲れさまでした。　　・　　　　・b. 二次会
3　もう1軒*、行きませんか。　　　・　　　　・c. 忘年会
4　走れ！　負けるな！　　　　　　・　　　　・d. 運動会

　　　　　　　　　　　　　　　　　　　　*軒 채(집/건물을 세는 단위)

정답　1. 12個　2. 10万円　3. 午前9時　4. a,d　연습 1.a 2.c 4.d

읽기

1. 初めての海外旅行

　外国へ行きます。パスポートが**必要**です。ビザも**要**ります。パスポートとビザを取りに行きました。

　旅行社でもらった紙に、注意が書いてあります。「**危険**ですから、大きな道**以外***、歩かないでください。**危ない**ですから、夜はホテルの外へ出ないでください。」

　あした、**出発**です。**必要な**物を全部入れたかどうか、もう一度かばんの中を見ます。あしたは、9時の飛行機に**間に合う**ように、6時に家を出ます。

　初めての海外旅行です。ちょっと心配です。でも、とても楽しみです。

*～以外 ~이외

2. 忘年会

A：今年の忘年**会**、どうするか、そろそろ決めないと。
B：そうですね。
A：12月は店が込むから、早く予約したほうがいいですよ。
B：じゃ、みんなに、**都合**がいい日を聞きます。
A：去年の店はおいしくなかったですねえ。
B：そうですか。じゃ、今年は違う店でやります。
A：去年はビールが足りませんでしたよ。20**本**頼んだんですけど。
B：そうですか。じゃ、今年は30**本**頼みます。
A：それから、**二次会**はぜひ、カラオケに行きましょうよ。
B：そうですね。考えておきます。

복습 3 (~lesson40)

I 口 国 困 回 園
      35 511 512 513

1. 1週間に1＿＿、図書館へ行きます。
　　しゅうかん　かい　としょかん　い
2. ＿＿際電話のかけ方がわからないんですが、教えていただけませんか。
　　こく さいでんわ　　かた　　　　　　　　　おし
3. 日曜日、お父さんとお母さんと弟と動物＿＿へ行きました。
　　にちようび　とう　　　　かあ　　　おとうと どうぶつ えん　い
4. ＿＿ったなあ。地図をなくしてしまいました。
　　こま　　　　　ちず

II 辶 近 込 返 途
      85 496 498 501

1. ＿＿所に新しいパン屋ができました。
　　きん じょ あたら　　　や
2. 来る＿＿中で、山田さんに会いました。
　　く　 と ちゅう　やまだ　　あ
3. 図書館へ本を＿＿しに行きます。
　　としょかん ほん　 かえ　　い
4. 電車で学校に通っています。毎朝、＿＿んでいます。
　　でんしゃ がっこう かよ　　　まいあさ　 こ

III 辶 通 連 過 違
       502 503 504 507

1. 普＿＿は遅いですから、急行に乗ってください。
　　ふ つう　おそ　　　　　きゅうこう の
2. 日本は交＿＿が便利だと思います。
　　にほん こう つう　べんり　おも
3. 広い道を＿＿ったほうがいいです。安全ですから。
　　ひろ みち　とお　　　　　　　　　あんぜん
4. 12時を＿＿ぎました。昼ご飯を食べに行きましょう。
　　じ　 す　　　　ひる はん た　　い
5. 答えが＿＿います。もう一度、考えてください。
　　こた　 ちが　　　　いちど かんが
6. 子どもを病院へ＿＿れて行きます。
　　こ　　　 びょういん つ　 い

Ⅳ 한자를 만들어 보세요.

1. 無 + 夕牛　　病院へ友達のお見＿＿いに行きます。
　　　　　　　びょういん ともだち　み　　　　　い

2. 無 + 灬　　あまり＿＿理をしないほうがいいですよ。
　　　　　　　　　　　む　り

3. 執 + 灬　　＿＿いコーヒーが飲みたいです。
　　　　　　　あつ　　　　　　　の

4. 執 + 力　　地震で人が大＿＿死にました。
　　　　　　　じしん ひと おおぜい　し

Ⅴ 반대말은 어느 것일까요?

1. 1) 特別な ↔ 普通の　　　2) 危険な ↔ ＿＿＿＿
　　　とくべつ　　ふつう　　　　　きけん
　3) 便利な ↔ ＿＿＿＿　　4) きれいな ↔ ＿＿＿＿
　　　べんり

| 普通の | 不便な | 安全な | 汚い |
| ふつう | ふべん | あんぜん | きたな |

2. 1) 広い ↔ ＿＿＿＿　　2) 強い ↔ ＿＿＿＿
　　　ひろ　　　　　　　　　つよ
　3) 難しい ↔ ＿＿＿＿　　4) 細い ↔ ＿＿＿＿
　　　むずか　　　　　　　　　ほそ

| 弱い | 易しい | 太い | 狭い |
| よわ | やさ | ふと | せま |

3. 1) 入学する ↔ ＿＿＿＿　　2) 予習する ↔ ＿＿＿＿
　　　にゅうがく　　　　　　　　よしゅう
　3) 質問する ↔ ＿＿＿＿　　4) 安心する ↔ ＿＿＿＿
　　　しつもん　　　　　　　　　あんしん

| 卒業する | 復習する | 答える | 心配する |
| そつぎょう | ふくしゅう | こた | しんぱい |

4. 1) 生まれる ↔ ＿＿＿＿　　2) つける ↔ ＿＿＿＿
　　　う
　3) 間に合う ↔ ＿＿＿＿　　4) すく ↔ ＿＿＿＿
　　　ま　あ

| 死ぬ | 遅れる | 消す | 込む |
| し | おく | け | こ |

Lesson 41　祝 菓 舞 産 果 靴
335　410　456　442　247　376

I　술술 읽는 법 익히기

A
1. お祝い（いわ）　　入学のお祝い（にゅうがく）　　お祝いをします　　お祝いをあげます
2. お菓子（かし）　　日本のお菓子（にほん）　　中国のお菓子（ちゅうごく）　　お菓子を食べます（た）
3. お見舞い（みま）　　お見舞いに行きます（い）　　友達のお見舞いに行きます（ともだち）
4. お土産（みやげ）　　タイのお土産　　旅行のお土産（りょこう）　　お土産を買います（か）
5. 果物（くだもの）　　果物売り場（う ば）　　果物を買います（か）
6. 靴（くつ）　　赤い靴（あか）　　25センチの靴　　靴をはきます
7. 靴下（くつした）　　白い靴下（しろ）　　黒い靴下（くろ）　　靴下をはきます
8. 宿題（しゅくだい）　　英語の宿題（えいご）　　作文の宿題（さくぶん）　　宿題をします
9. 祖父（そふ）　　祖父の写真（しゃしん）　　祖父に昔の話を聞きました（むかし はなし き）
10. 祖母（そぼ）　　祖母の着物（きもの）　　祖母を思い出しました（おも だ）
11. 手袋（てぶくろ）　　白い手袋（しろ）　　長い手袋（なが）　　手袋をします
12. 文法（ぶんぽう）　　日本語の文法（にほんご）　　英語の文法（えいご）　　文法を習います（なら）
13. 取る（と）　　すみませんが、はさみを取ってください
14. 取り替える（と か）　　カーテンを取り替えます　　靴を取り替えてもらいます（くつ）

b
1. 発音（はつおん）　　中国語の発音（ちゅうごくご）　　タイ語の発音　　発音がいいです

II　바로바로 써 먹는 사용법

1. この時計は入学のお祝いに父にもらいました。父は25年前に、この時計を祖父からもらいました。
（とけい　にゅうがく　ちち　ちち　ねんまえ　そふ）

2. お土産をもらいました。タイのお菓子です。1つ食べてみましょう。（ひと　た）

3. 友達のお見舞いに行きます。果物を持って行きます。（ともだち　い　も）

4. 仕事の日、黒い靴をはきます。パーティーの日、白い靴をはきます。デートの日、赤い靴をはきます。（しごと ひ くろ　しろ　あか）

宿	祖	袋	法	取	替
428	337	483	279	365	470

5　小さな**靴下**です。かわいい**靴下**です。赤ちゃんの**靴下**です。

6　わたしは小学生です。毎日、**宿題**があります。わたしは**宿題**が好きじゃありません。先生は**宿題**が好きですか。

7　このスーツは**祖母**が買ってくれました。大学入学の**お祝い**です。

8　大きい**手袋**はお父さんの**手袋**です。小さい**手袋**はわたしの**手袋**です。

9　日本語の**発音**は難しいです。日本語の**文法**も難しいです。

10　この**靴**、茶色のと**取り替え**ていただけませんか。

Ⅲ 쓱쓱 쓰는 법 익히기

祝	丶	ラ	ネ	ネ	ネ	礿	祀	祀	祝
菓	一	艹	艹	艹	苩	荁	菓	菓	菓
舞	ノ	亡	仁	無	無	無	舞	舞	舞
産	丶	亠	立	立	产	产	产	產	産
果	丨	口	日	日	旦	甲	果	果	果
靴	一	艹	艹	昔	苩	革	革	靪	靴
宿	宀	宀	宀	宀	宁	宕	宿	宿	宿
祖	丶	ラ	ネ	ネ	礻	礽	袒	袒	祖
袋	亻	亻	代	代	代	伐	袋	袋	袋
法	丶	冫	氵	汁	汁	注	法	法	
取	一	丁	丆	丆	耳	耳	取	取	
替	一	ニ	夫	夫	夫	扶	扶	替	替

Lesson 41 | 85

척척 한자 박사

연습 I 왼쪽 한자 속에 있는 또 다른 한자는 무엇일까요?

1) 1) 菓・　　　・a. 生
　 2) 産・　　　・b. 果
　 3) 法・　　　・c. 兄
　 4) 祝・　　　・d. 去

2) 1) 宿・　　　・a. 日
　 2) 取・　　　・b. 百
　 3) 替・　　　・c. 夫
　　　　　　　　・d. 耳

연습 II 그림을 보고 빈칸에 단어를 쓰세요.

1　⁺結⁺婚する友達に お祝いにあげる物
　　けっ　こん　ともだち　　　　　　　　　　もの

時計
とけい

コーヒーカップ

エプロン

お金
かね

2　赤ちゃんが生まれたとき、お祝いにあげる物
　　あか　　　　う　　　　　　　　　　　　もの

1) ＿＿＿＿

2) ＿＿＿＿

服
ふく

アルバム

おもちゃ

3　病気の友達にお見舞いに持って行く物
　　びょうき　ともだち　　み　ま　　も　　　い　もの

花

1) ＿＿＿＿＿

本
ほん

CD

2) ＿＿＿＿＿

| 읽기 |

金婚式^{*1}
きんこんしき

　今年は**祖父**と**祖母**が⁺結⁺婚して、50年目です。だから、みんなで、**お祝い**をしました。

　祖父と**祖母**は子どもが４人います。上から３番目が母です。母の兄弟はみんな⁺結⁺婚していて、子どもがいます。⁺孫は全部で９人です。わたしは７番目の⁺孫です。

　みんなで小さな旅行をしました。山の中の旅館^{*2}に泊まりました。ゆっくりおふろに入って、きれいな景色を見て、いっしょに写真を⁺撮りました。料理は、**祖母**と**祖父**が好きな魚や野菜の料理でした。みんなで食べて、飲んで、おしゃべりしました。

　食事のあとで、２人にプレゼントをあげました。わたしは**祖母**に**手袋**をあげました。**祖父**には**靴下**をあげました。プレゼントを渡す^{*3}とき、**お祝い**を言いました。

　「おじいちゃん、おばあちゃん、おめでとうございます。これからも元気で、長生きして^{*4}ください。」

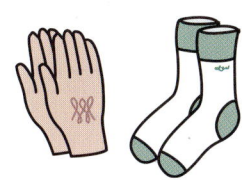

*¹ 金婚式 금혼식　*² 旅館 여관　*³ 渡す 건네주다　*⁴ 長生きする 장수하다

Lesson42　石 済 政 化 律 際
458　287　389　255　271　298

I 술술 읽는 법 익히기

A
1. 石（いし）　　大きい石（おお）　　小さい石（ちい）　　きれいな石
2. 経済（けいざい）　　日本の経済（にほん）　　アメリカの経済　　経済問題（もんだい）
3. 政治（せいじ）　　政治の話（はなし）　　政治の勉強（べんきょう）　　政治問題（もんだい）
4. 文化（ぶんか）　　中国の文化（ちゅうごく）　　インドの文化
5. 法律（ほうりつ）　　日本の法律（にほん）　　シンガポールの法律
6. 国際～（こくさい）　　国際電話（でんわ）　　国際空港（くうこう）　　国際問題（もんだい）
7. 厚い（あつ）　　厚い紙（かみ）　　厚い本（ほん）
8. 薄い（うす）　　薄い紙（かみ）　　薄いノート　　薄いセーター
9. 包む（つつ）　　プレゼントを包みます　　品物を包んでもらいます（しなもの）
10. 沸かす（わ）　　お湯を沸かします（ゆ）　　ふろを沸かします

B
1. 教育（きょういく）　　子どもの教育（こ）　　学校教育（がっこう）　　教育問題（もんだい）
2. 社会（しゃかい）　　日本社会（にほん）　　国際社会（こくさい）　　社会問題（もんだい）
3. ～家（か）　　小説家（しょうせつ）　　音楽家（おんがく）

II 바로바로 써 먹는 사용법

1. きれいな石でしょう？　海岸で拾った石です。この石を見ると、夏の海を思い出します。（かいがん・ひろ・み・なつ・うみ・おも・だ）
2. 経済の本を読みます。でも、これから日本の経済がどうなるか、わかりません。（ほん・よ・にほん）
3. 政治は大切だと思います。わたしは政治の勉強をして、みんなのためにいい社会を作りたいです。（たいせつ・おも・べんきょう・つく）
4. 世界にはいろいろな国があります。いろいろな文化があります。クラスにはいろいろな国の人がいます。文化が違っても、みんな友達です。（せかい・くに・ひと・ちが・ともだち）

厚 薄 包 沸
486 415 430 278

5 **法律**を勉強しています。**厚**い本を読んで、たくさんの**法律**を覚えます。

6 **国際電話**は高いです。時計を見ながら、**国際電話**をかけます。

7 今日は寒いです。**厚**いセーターを着て、**厚**い靴下をはいて、**厚**い手袋をしましょう。

8 ふろしきは便利です。**薄**くて、軽いし、いろいろな形の物が**包**めます。

9 朝起きたら、まず、お湯を**沸**かします。そして、コーヒーをいれます。

10 **教育**はとても大切だと思いました。だから、小学校の先生になりました。

11 **社会**のために何かしたいと思って、ボランティアを始めました。

12 わたしは音楽が好きです。音楽家になりたいです。友達は本が好きです。小説家になりたいと言っています。

Ⅲ 쓱쓱 쓰는 법 익히기

石	一	ア	ズ	石	石				
済	、	⺀	⺡	汁	汁	浐	沙	済	済
政	一	T	T	¥	正	正	政	政	政
化	ノ	イ	化	化					
律	ノ	ク	彳	行	律	律	律	律	律
際	⺁	⻖	⻖	⻖	阝	陀	陀	際	際
厚	一	厂	厂	戸	戸	戸	厚	厚	厚
薄	⺿	艹	艹	萡	萡	蒲	蒲	薄	薄
包	ノ	ク	勹	勹	包				
沸	、	⺀	⺡	汁	沪	沸	沸	沸	沸

척척 한자 박사

연습 I 밑줄 친 한자의 읽는 법을 써 봅시다.

1 育： <u>教育</u>　<u>育</u>てる
そだ

2 治： <u>政治</u>　<u>治</u>る
なお

연습 II 한자의 읽는 법이 같은 것을 모았습니다.

1 教： 教育 はどちらに入りますか。
　　　　　はい

　① 教室　教会
　　きょうしつ　きょうかい

　② 教える
　　おし

2 家： 音楽家 と 小説家 はどこに入りますか。

　① 家内
　　かない
　　家族
　　かぞく

　② 家
　　いえ
　　家出する*1
　　いえで

　③ 貸し家*2
　　か　や

*1 家出する 집을 나가다　*2 貸し家 셋집

읽기

新聞

　朝です。新聞が来ます。ずいぶん厚いです。30ページ*1以上あります。表のページの大きな字はその日のいちばん大きなニュースを知らせています。

　国際ニュースを読みます。遠い国、近い国、いろいろな国のニュースがのって*2います。先週はアジアの国がシンガポールで会議を開いて、アジアの政治や経済の問題を話しました。来月は世界の国が東京で国際会議を開きます。

　日本のニュースを読みます。今日の政治のページの大きなニュースは今度できる新しい法律のことです。2人の法律の+専+門家*3の意見ものっています。
せん　もん　か

経済のページを読みます。有名な自動車の会社にフランスから社長が来ます。M銀行とS銀行が来年の4月から1つの新しい銀行になります。円は今123円ぐらいです。最近、安くなっています。
　好きなチームが勝ったときは、スポーツのページを読むのが楽しみです。国際大会で日本のチームが勝つと、このページが厚くなります。
　文化のページを読めば、よく売れている本やCDなどについて知ることができます。日曜日にはいろいろな特集*4があります。
　最後の*5ページはテレビの番+組です。教育テレビで何時からフランス語会話をやっているか、調べなければなりません。

*1 ページ 페이지　*2 のる 실리다, 나다　*3 専門家 전문가　*4 特集 특집
*5 最後の 마지막의

한자 달인

| 정리 | 「気」를 사용한 단어

1　~家　　小説家 소설가　　音楽家 음악가　　+専+門家 전문가
　　　　　画家 화가　　作家 작가
2　~員　　会社員 회사원　　銀行員 은행원
　　　　　船員 선원　　駅員 역원　　店員 점원
3　~手　　運転手 운전수　　歌手 가수　　選手 선수
4　~生　　卒業生 졸업생　　留学生 유학생
　　　　　中学生 중학생　　学生 학생　　先生 선생(님)
5　~者　　科学者 과학자　　研究者 연구자　　出席者 출석자
　　　　　医者 의사　　学者 학자　　読者 독자　　+忍者 닌자
6　~人　　日本人 일본인　　中国人 중국인　　外国人 외국인
　　　　　見物人 구경꾼　　通行人 통행인　　+恋人 연인, 애인

Lesson43　符 枚 暑 寒 暖 涼

I　술술 읽는 법 익히기

A
1. 切符（きっぷ）　　電車（でんしゃ）の切符　　切符を買（か）います
2. ～枚（まい）　　シャツを2枚買（か）います　　コピーが1枚足（た）りません
3. 暑（あつ）い　　暑い国（くに）　　暑い日（ひ）　　8月（がつ）は暑いです
4. 寒（さむ）い　　寒い国（くに）　　寒い日（ひ）　　2月（がつ）は寒いです
5. 暖（あたた）かい　　暖かい所（ところ）　　暖かい部屋（へや）　　暖かい日（ひ）
6. 涼（すず）しい　　涼しい所（ところ）　　涼しい日（ひ）　　涼しい風（かぜ）
7. 咲（さ）く　　花（はな）が咲きます　　赤（あか）い花が咲いています
8. 払（はら）う　　お金（かね）を払います　　電話代（でんわだい）を払います
9. 増（ふ）える　　人（ひと）が増えます　　子（こ）どもが増えます　　車（くるま）が増えます
10. 迎（むか）える　　友達（ともだち）を迎えに行（い）きます　　友達が迎えに来（き）てくれました

B
1. 火（ひ）　　たばこの火　　ガスの火　　火を消（け）します
2. 変（へん）な　　変な味（あじ）　　変な音（おと）　　変な天気（てんき）
3. 上（あ）がる　　熱（ねつ）が上がります　　円（えん）が上がります
4. 下（さ）がる　　熱（ねつ）が下がります　　円（えん）が下がります
5. 落（お）ちる　　荷物（にもつ）が落ちます　　箱（はこ）が落ちます

II　바로바로 써 먹는 사용법

1. 切符を2枚買（か）いました。1枚は彼（かれ）の切符です。1枚はわたしの切符です。
2. 外（そと）は暑いです。部屋（へや）の中（なか）はもっと暑いです。エアコンがありませんから。
3. 2月（がつ）は寒いです。今日（きょう）は特（とく）に寒いです。暖かい部屋（へや）から出（で）たくないです。
4. 涼しい風（かぜ）です。秋（あき）が来（く）るのを知（し）らせる風です。もうすぐ夏（なつ）が終（お）わります。
5. 暖かい春（はる）。暑い夏（なつ）。涼しい秋（あき）。寒い冬（ふゆ）。そして、また、暖かい春。

咲 払 増 迎

6 花が**咲**いています。山に**咲**いています。町にも**咲**いています。春ですね。
7 彼女が食事代を**払**いました。わたしがコーヒー代を**払**いました。
8 家が**増**えました。店が**増**えました。人が**増**えました。車が**増**えました。
9 遅くなると、**迎**えに来てくれます。雨が降ると、**迎**えに来てくれます。お母さんといっしょに帰ります。
10 **寒**い冬。**暖**かい火と音楽と少しのお酒があれば、**寒**い冬も好きです。
11 車のエンジンの音が変です。一度、見てもらいましょう。
12 花火の音が聞こえます。屋上に**上**がれば、見えるかもしれません。
13 熱が**下**がりました。あしたは学校に行けるでしょう。
14 台風が来ました。風で木からりんごが**落**ちました。たくさん**落**ちました。

Ⅲ 쓱쓱 쓰는 법 익히기

符	ノ	ト	⺮	⺮	𥫗	竺	竺	符	符
枚	一	十	才	木	朩	朾	朾	枚	
暑	冂	日	旦	早	早	昇	晃	暑	暑
寒	宀	宀	宇	宙	実	実	寒	寒	寒
暖	冂	日	日̇	旪	旪	暖	暖	暖	暖
涼	冫	冫	冫	冫	冫	泸	涼	涼	涼
咲	丶	口	口	口̇	吖	吪	咲	咲	
払	一	十	扌	払	払				
増	扌	扌	扩	圴	坳	増	増	増	増
迎	丶	𠂉	卬	卬	卬	迎	迎		

척척 한자 박사

연습 I   밑줄 친 한자의 읽는 법을 써봅시다.

1. 火 :   <u>火</u>   花<u>火</u>   <u>火</u>曜日   <u>火</u>事   <u>火</u>星*   *화성
          　　　はなび　　かようび　　かじ　　かせい

2. 変 :   <u>変</u>な   大<u>変</u>な   <u>変</u>えます   <u>変</u>わります
          　　　　たいへん　　か　　　　か

연습 II   자연스러운 문장이 되도록 선으로 연결하세요.

1. 火が   ────   a. 消えます
                                  き
2. 切符を   ・   b. 払います
3. お金を   ・   c. 落ちます
   かね
4. ⁺桜が   ・   d. 買います
   さくら   か
5. 飛行機が   ・   e. 咲きます
   ひこうき

읽기

マッチ売りの少女*¹
しょうじょ

アンデルセン*²

　とても寒い日です。雪が降っています。もう夕方です。
　小さな女の子が1人、歩いています。服は古くて、汚いし、靴をはいていません。とても寒そうです。小さな足は赤くなっています。女の子はマッチを売っています。でも、マッチを買う人はいません。
　女の子はとても疲れて、おなかがすいています。もう歩けません。女の子は道の片側*³の家の前に、小さくなって座りました。手が
　　　　　　　　　　　つか　　　　　　かたがわ

I. 1.ひ 2.へん   II. 1.a 2.d 3.b 4.e 5.c

とても冷たいです。マッチの**火**があれば、少し**暖**かくなるかもしれない。そう思って、女の子はマッチを１本取って、**火**をつけました。

女の子はストーブ*⁴の前にいました。**火**がよく⁺燃えています。とても**暖**かくて、気持ちがいいです。女の子はストーブに手を近づけ*⁵ました。そのとき、マッチの**火**が消えました。ストーブも消えました。

女の子は２本目のマッチをつけました。今度は女の子の前にテーブルがありました。テーブルの上に料理が並んでいます。とてもおいしそうです。でも、食べる前に、マッチの**火**が消えて、料理も消えてしまいました。

女の子はもう１本、マッチをつけました。女の子はクリスマス・ツリー*⁶の下に座っていました。緑の枝の上にたくさんのろうそく*⁷が⁺燃えています。ろうそくの**火**は空の星になりました。星が１つ**落**ちました。

女の子はもう１本、マッチをつけました。女の子の前に、死んだおばあさんが立っていました。優しかったおばあさん。「おばあさん！　わたしもいっしょに連れて行って！」おばあさんが消えないように、女の子は急いで、残っているマッチ全部に**火**をつけました。

寒い寒い次の朝、小さな女の子が死んでいるのが見つかりました。女の子の前には燃えたマッチが**落**ちていました。そして、女の子の顔は⁺幸せそうでした。

*¹マッチ売りの少女 성냥팔이 소녀　*²アンデルセン 한스 크리스티안 안데르센
*³片側 한쪽 편　*⁴ストーブ 스토브　*⁵近づける 가까이 하다
*⁶クリスマス・ツリー 크리스마스 트리　*⁷ろうそく 양초

Lesson44 頭 顔 髪 倍 由 押
394 395 465 261 239 316

I 술술 읽는 법 익히기

A
1. 頭(あたま) — 頭がいい人　頭が痛いです
2. 顔(かお) — かわいい顔　おもしろい顔　顔が長いです
3. 髪(かみ) — 長い髪　短い髪　黒い髪　髪が多いです
4. 〜倍(ばい) — 2倍　3倍　⁺給料が2倍になりました
5. 理由(りゆう) — 遅れた理由　休んだ理由　理由を言います
6. 押し入れ(おしいれ) — 押し入れの中の荷物　押し入れに入れます
7. 痛い(いたい) — 頭が痛いです　おなかが痛いです　歯が痛いです
8. 静かな(しずかな) — 静かな部屋　静かな場所　春の海は静かです
9. 押す(おす) — スイッチを押します　ドアを押します
10. 泣く(なく) — 子どもが泣きます
11. 笑う(わらう) — 赤ちゃんが笑います

B
1. 空気(くうき) — きれいな空気　空気がいいです
2. 細かい(こまかい) — 細かいお金　細かく切ります
3. 安全な(あんぜんな) — 安全な所　この食べ物は安全です

II 바로바로 써 먹는 사용법

1. うちの犬は頭もいいし、顔もかわいいです。
2. 飲みすぎて、頭が痛いです。食べすぎて、⁺胃も痛いです。
3. 長い髪の男の子と短い髪の女の子が遊んでいます。
4. ⁺結婚するときは、理由は要らないが、⁺離婚するときは、理由が要る。
5. サイズを2倍にして、コピーしてください。
6. その箱は押し入れに片づけてください。

痛 静 泣 笑

7 ドアに「**押す**」、「**引**く」と書いてあります。

8 **静**かで、**空気**がきれいな**所**に**住**みたいです。

9 **笑**いたいとき**笑**って、**泣**きたいとき**泣**いて、**食**べたいとき**食**べて、**寝**たいとき**寝**る。そんな**生活**がしたいです。

10 **赤**ちゃんはおなかがすくと、**泣**きます。

11 **自転車**に**空気**を**入**れます。

12 バスに**乗**る**前**に、お**金**を**細**かくしておきます。

13 **安全**のために、シートベルトをしてください。

Ⅲ 쓱쓱 쓰는 법 익히기

頭	一	曰	豆	豆	豆	豆	頭	頭	頭
顔	丶	亠	立	产	彦	彦	顔	顔	顔
髪	丨	厂	镸	長	髟	髟	髣	髪	髪
倍	亻	亻	倅	倅	伫	位	倅	倍	倍
由	丨	冂	巾	由	由				
押	一	十	扌	扌	扣	押	押	押	
痛	丶	亠	广	疒	疒	疒	痛	痛	痛
静	十	圭	青	青	静	静	静	静	静
泣	丶	氵	氵	氵	汁	汁	泣		
笑	ノ	𠂉	𥫗	𥫗	竺	竺	竺	笀	笑

척척 한자 박사

정리   여러가지 읽는 방법

1. 安 ― 安い　安売り*1　安物*2
        安心する　安全な　不安な*3

   *1 싸게 팖
   *2 값싼 물건, 싸구려
   *3 불안한

2. 静 ― 静かな
        安静にする*4

   *4 안정하다

3. 細 ― 細かい
        細い

4. 空 ― 空　青空*5　星空*6
        空気　空港　空席*7　空室*8

   *5 푸른 하늘
   *6 별이 총총한 하늘
   *7 공석, 빈 자리
   *8 공실, 빈 방

정리

1. 押す ＋ 入れる ＝ 押し入れ
2. 引く ＋ 出す ＝ 引き出し
3. 頭が ＋ 痛い ＝ 頭痛　두통
4. 泣いている ＋ 顔 ＝ 泣き顔　우는 얼굴
5. 笑っている ＋ 顔 ＝ 笑顔　웃는 얼굴

연습   반대 의미의 단어를 써 봅시다.

1. 引く ↔ ☐
2. 泣く ↔ ☐
3. 半分 ↔ 倍
4. 危険な 場所 ↔ ☐ 場所

보기: 倍　押す　安全な　笑う

1. 押す　2. 笑う　3. 倍　4. 安全な

읽기

1. 山に登る

　長い山の道を歩く。足が痛くて、泣いている子ども、笑いながら登る元気な学生、学生に体を押してもらうおばあさん。やっと目的の場所に着いたとき、うれしい気持ちは倍になる。みんな「登ってよかったね」と、明るい顔で笑っている。山の上は空気が薄くて、頭が痛くなる。でも、きれいな空気と静かな自然*1の中で心が洗われる*2。わたしは山に登る。そこに山があるから、それが理由だ。

*1 自然 자연　　*2 心が洗われる 마음이 정화되다

2. 細かいお金

　きのうは細かいお金がなくて、困った。バスを降りるとき、１万円札しかなくて、バス代が払えなかった。今日も自動販売機でお茶を買おうと思ったが、５千円札しかなくて、買えなかった。駅で細かくしてもらおうと思ったが、できないと言われて、お茶も飲めなかった。

정리 | 「顔」를 사용한 관용구

1　涼しい顔をする　　모른 체하는(시치미 떼는)얼굴
2　顔から火が出る　　(부끄러워서)얼굴이 화끈해지다
3　苦い顔をする　　찌푸린(불쾌한, 언짢은)얼굴을 하다
4　大きい顔をする　　뽐내다
5　頭が重い　　머리가 무겁다
6　頭にくる　　울컥울컥 치밀다
7　鼻が高い　　우쭐하다
8　耳が痛い　　귀가 아프다(듣기 거북하다)
9　口が悪い　　욕을 하다
10　口が重い　　과묵하다

Lesson 45　贈　点　皆　速　念　覚

I 술술 읽는 법 익히기

A
1. 贈り物（おく もの）　　クリスマスに贈り物をします
2. 点（てん）　　いい点　　100点　　試験の点が悪かったです（しけん／わる）
3. 皆さん（みな）　　皆さん、お世話になりました（せわ）
4. 速い（はや）　　特急は速いです（とっきゅう）　　彼は仕事が速いです（かれ／しごと）
5. 残念な（ざんねん）　　会えなくて残念でした（あ）
6. 覚える（おぼ）　　漢字を覚えます（かんじ）　　名前を覚えます（なまえ）
7. 働く（はたら）　　本屋で働きます（ほんや）　　毎日8時間働きます（まいにち／じかん）
8. 練習する（れんしゅう）　　漢字を練習します（かんじ）　　歌を練習します（うた）
9. 連絡する（れんらく）　　予定を連絡します（よてい）　　電話で連絡してください（でんわ）

B
1. 場合（ばあい）　　病気の場合（びょうき）　　地震の場合（じしん）　　雨の場合（あめ）　　遅れる場合（おく）
2. 遅い（おそ）　　普通電車は遅いです（ふつうでんしゃ）　　もう遅いですから、寝ます（ね）
3. 用意する（ようい）　　飲み物を用意します（の もの）　　プレゼントを用意します
4. 急に（きゅう）　　急に予定が変わりました（よてい／か）　　急に用事ができました（ようじ）

II 바로바로 써 먹는 사용법

1. 彼女の⁺誕生日の贈り物は花にしよう。（かのじょ／たんじょうび／はな）
2. 忙しくて、贈り物が用意できなかった。彼女にしかられた。（いそが／かのじょ）
3. 試験の点が悪かった場合は、もう一度、受けることができる。（しけん／わる／いちど／う）
4. 彼女は100点です。わたしは0点です。（かのじょ）
5. 特急は速いです。普通は遅いです。（とっきゅう／ふつう）
6. 夕方は道が込みますから、タクシーより電車のほうが速いです。（ゆうがた／みち こ／でんしゃ）
7. 天気が悪くて、⁺富⁺士山が見えませんでした。残念でした。（てんき／ふじさん／み）

働　練　絡
265　357　353

8　皆さん、残念ですが、あしたのパーティーは中止です。
9　あの人の顔は覚えているが、名前は覚えていない。
10　弟は働きながら、勉強しています。
11　8時間働いたあとで、テニスの練習をするのは大変だ。
12　急に⁺結⁺婚を決めたので、皆さんに連絡する時間がありませんでした。
13　休む場合は、必ず連絡してください。
14　日本の歌を覚えます。パーティーで歌うので、練習しています。
15　今日はもう遅いですから、帰りましょう。
16　遅くなってもいいですから、電話をください。
17　パーティーの飲み物はもう用意しました。

III 쓱쓱 쓰는 법 익히기

贈	目	貝	貝`	貯	貯	贈	贈	贈
点	丨	卜	占	占	占	点	点	点
皆	一	ヒ	ヒ	比	比	毕	皆	皆
速	一	冂	百	亩	束	束	速	速
念	丿	人	今	今	念	念	念	
覚	〃	〃	〃	兴	骨	常	覚	覚
働	亻	亻	亻	后	俥	偅	働	働
練	幺	糸	紅	約	紳	練	練	練
絡	乙	幺	糸	糸	紋	終	絡	絡

척척 한자 박사

연습 I 읽는 방법이 다른 것은 어느 것일까요?

1. a. ギターを練習する。
   b. 日本はチップ*の習慣がない。　　　　　　　　　　*팁
      にほん
   c. 料理を習う。
      りょうり

2. a. 会議の時間を連絡する。
      かいぎ　じかん
   b. 妻をパーティーに連れて行く。
      つま　　　　　　　　　い
   c. 連休は旅行に行く。
      れんきゅう　りょこう

3. a. 雨の場合は、試合は中止になる。
      あめ　　　　しあい　ちゅうし
   b. 駐車場はあそこにある。
   c. 工場を見学する。
      　　　けんがく

4. a. 急におなかが痛くなった。
      　　　　　　いた
   b. 急行はこの駅に止まらない。
      　　　　　えき　と
   c. 急げば、間に合う。
      いそ　　　ま　あ

연습 II 반대 의미의 단어를 써 봅시다.

1. 電車は [速い] ↔ バスは [　　　]　　働く 速い 忘れる
   でんしゃ　　　　　　　　　　　　　　　　　　はたら　　　　　　　わす
2. 名前を [　　　] ↔ 名前を [忘れる]　　遅い 休む 覚える
   なまえ　　　　　　　　　　　　　　　　　　　　　やす
3. 8時間 [　　　] ↔ 1時間 [休む]
   　じかん

정리

1. 急に病気になる → [急病]　급병, 급환
   　　びょうき　　　　びょう
2. 急に用事ができる → [急用]　급한 볼일
   　　ようじ　　　　　　　よう

연습 Ⅲ 같은 모양을 가진 한자를 써 주세요.

1 運 遅 近 ☐
2 絵 経 ☐ ☐
3 忘 意 急 ☐
4 百 習 ☐ ☐

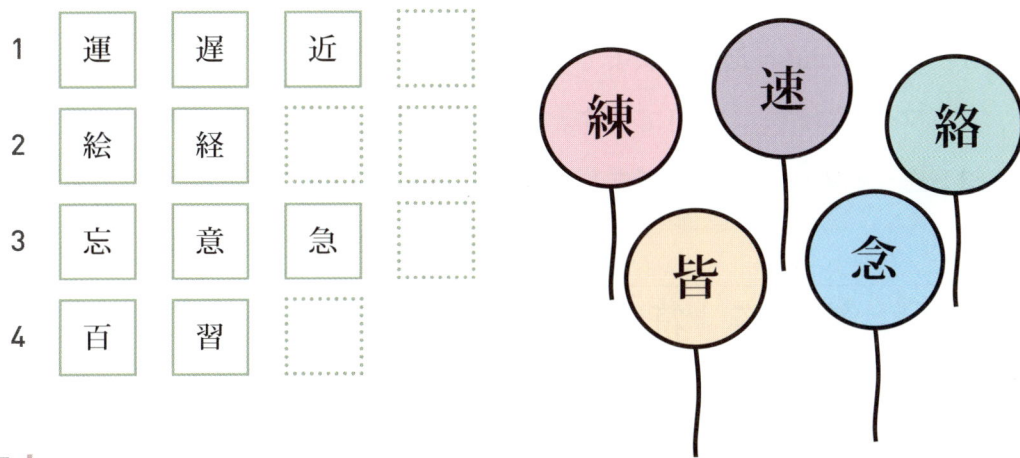

퀴즈

1 学生が**働く**ことを何と言いますか。
   a. アルバイト　　b. **練習**　　c. 残業(ざんぎょう)

2 日本では火事の**場合**は、どこに**連絡**しますか。
   a. 110番　　b. 119番　　c. 104番

3 歌を**練習**するのにいい**場所**はどこですか。
   a. カラオケ　　b. 図書館　　c. 空港

4 急行と特急とどちらが**速い**ですか。
   a. 急行　　b. 特急　　c. 同じ

5 あなたの国では、夜**遅**く一人で出かけても安全ですか。
   a. 安全　　b. 少し危険　　c. とても危険

정답　Ⅲ. 1.運 2.練 絡 3.念 4.皆　퀴즈 1.a 2.b 3.a 4.b 5.?

복습 4 (~lesson45)

I | 辶 | 迎 499 | 速 500 | 連 503 | 遅 505 |

1 ___絡があったら、駅まで___えに行ってください。
  れんらく　　　　　えき　　むか

2 ワープロが___く打てます。
  　　　　　はや　う

3 もう約束の時間を過ぎましたよ。山田さん、___いですね。
  　　やくそく　じかん　す　　　　やまだ　　　　おそ

II | 竹 | 笑 446 | 答 447 | 符 448 | 箱 449 |

1 次の質問に___えてください。
  つぎ しつもん　こた

2 赤ちゃんが___っています。
  あか　　　　わら

3 切___を2枚買います。
  きっ ぷ　　まい か

4 この___には何が入っていますか。
  　　　はこ　　なに はい

III | 糸 | 細 351 | 経 352 | 絡 353 | 練 357 |

1 この辞書は___かい字なので、読みにくいです。
  　　じしょ　こま　　じ　　　　よ

2 日本の___済がこれからどうなるか、心配です。
  にほん　けい ざい　　　　　　　　　しんぱい

3 ___習に来られない人は、あしたまでに連___してください。
  れんしゅう こ　　ひと　　　　　　　　　れん らく

IV 「ネ」일까요?「衤」일까요? 써 봅시다.

1 [示]申社　　2 [刀]めて
  じんじゃ　　　　はじ

I. 1.連,迎 2.速 3.遅　II. 1.答 2.笑 3.符 4.箱　III. 1.細 2.経 3.練,絡
IV. 1.神 2.初

Ⅴ 「亻」일까요? 「彳」일까요? 써주세요.

1 法 [律]　　2 文 [化]　　3 3 [倍]
　 ほう りつ 　　　ぶん か　　　　　 ばい

4 [復]習する　5 [役]に立つ　6 [働]く
　ふく しゅう　　やく た　　　　はたら

Ⅵ 「宀」가 있는 한자는 어느 것인가요?

1 宿　今日は宿題がたくさんあります。
　　　きょう しゅくだい

2 寒　寒い日が続いています。
　　　さむ ひ つづ

3 字　わたしは字が下手です。
　　　　　　じ へた

4 覚　どうやって家まで帰ったか、覚えていません。
　　　　　　　いえ かえ　　　　おぼ

5 堂　昼ご飯はいつも会社の食堂で食べます。
　　　ひる はん　　　かいしゃ しょくどう た

6 空　空が暗くなりました。今にも雨が降りそうです。
　　　そら くら　　　　　　　いま あめ ふ

7 定　予定がわかったら、すぐ知らせてください。
　　　よてい　　　　　　　　し

8 写　旅行の写真を見せてください。
　　　りょこう しゃしん み

Ⅶ 한자를 만들어 봅시다.

1 正 + 攵　どうすれば、日本の____治がよくなるか、考えます。
　　　　　　　　　にほん　せいじ　　　　　　　かんが

2 木 + 攵　コピーが何____要りますか。
　　　　　　　　　　なん まい い

3 扌 + 殳　____げたボールが川に落ちました。
　　　　　　　な　　　　　かわ お

4 彳 + 殳　持って行ったセーターが____に立ちました。
　　　　　　も い　　　　　　　やく た

복습 4 | 105

Lesson 46   薬 億 彼 洗 濯 乾
_{416 266 269 284 291 373}

I 술술 읽는 법 익히기

A
1. 薬(くすり) — かぜの薬　　薬を飲(の)みます
2. 億(おく) — 一億二千万人(いちにせんまんにん)　　四億年前(よんねんまえ)　　百億円(ひゃくえん)
3. 彼(かれ) — 彼はインド人(じん)です　　彼は学生(がくせい)です
4. 彼女(かのじょ) — 彼女は山川(やまかわ)さんの妹(いもうと)さんです
5. お手洗(てあら)い — お手洗いはどちらですか
6. 洗(あら)う — 手(て)を洗います　　顔(かお)を洗います　　車(くるま)を洗います
7. 洗濯(せんたく)する — シャツを洗濯します　　下着(したぎ)を洗濯します
8. 乾(かわ)く — 洗濯物(せんたくもの)が乾きます　　空気(くうき)が乾いています
9. 焼(や)く — パンを焼きます　　焼いた魚(さかな)が好(す)きです
10. 焼(や)ける — パンが焼けました　　火事(かじ)で家(いえ)が焼けました
11. 渡(わた)す — 田中(たなか)さんにメモを渡します　　チケットを渡します
12. 渡(わた)る — 道(みち)を渡ります　　橋(はし)を渡ります

B
1. 具合(ぐあい) — 体(からだ)の具合　　パソコンの具合　　具合が悪(わる)いです
2. 試合(しあい) — 柔道(じゅうどう)の試合　　テニスの試合　　試合があります
3. 所(ところ) — 先生(せんせい)の所へ行(い)きます　　スイッチはドアの所です
4. 住所(じゅうしょ) — 家(いえ)の住所　　彼(かれ)の住所　　住所と名前(なまえ)を書(か)きます
5. 出席(しゅっせき)する — 会議(かいぎ)に出席します　　パーティーに出席します

II 바로바로 써 먹는 사용법

1. かぜをひきましたが、薬は飲(の)みません。⁺嫌(きら)いですから。
2. 家(いえ)を買(か)いました。三億円でした。安(やす)かったです。
3. 彼と彼女は来年(らいねん)⁺結婚(けっこん)するので、住(す)む所を⁺探(さが)しています。

焼　　渡
324　288

4 彼は会社の近くに住みたいと思っていますが、彼女は両親の家の近くに住みたいと言っています。

5 お手洗いは階段の右です。

6 この下着は洗濯したばかりですから、まだ乾いていません。

7 空気が乾いていると、火事が起きやすいです。

8 洗濯物はクリーニング屋に持って行きます。洗濯機がありませんから。

9 火事で大切な絵が焼けてしまいました。

10 長い橋を渡ると、⁺関西空港です。

11 彼女にこの手紙を渡してください。

12 足の具合がよくないので、テニスの試合に出られません。

13 先生は国際会議に出席するので、今、⁺準⁺備で忙しいです。

III 쓱쓱 쓰는 법 익히기

薬	一	艹	艹	茾	茾	莁	蓙	薬	薬
億	亻	亻	仁	佇	倅	倅	倍	億	億
彼	丿	彳	彳	扩	犴	衫	彼	彼	
洗	丶	冫	氵	沪	浐	汫	泮	洗	
濯	冫	冫	丬	汈	汈	汋	澪	澪	濯
乾	十	古	古	亡	直	卓	卓	卓	乾
焼	丶	ツ	火	灯	炉	炻	焼	焼	焼
渡	冫	⺡	氵	汁	泞	沪	渡	渡	渡

척척 한자 박사

| 정리 | 여러가지 읽는 방법

1 合 — 都合（つごう）　合コン*（ごう）
　　　　試合（しあい）　具合（ぐあい）　場合（ばあい）
　　　　合う（あう）　　間に合う（まにあう）

*단체 미팅

2 洗 — 洗濯する（せんたく）　洗濯機（せんたくき）　洗濯物（せんたくもの）
　　　　洗う（あらう）　　お手洗い（てあらい）

| 연습 | 같은 모양을 가진 한자를 써 봅시다.

1　泣　濯　　2　住　作　　3　火
2　□　渡　　　　□　倒　　　□

（億　洗　焼）

한자 달인

| 정리 | 焼くとおいしいよ！

1 焼き鳥（とり）
닭꼬치구이

2 焼きいも
군 고구마

3 焼き飯（めし）
볶음밥

4 焼きそば
삶은 국수를 기름에 튀긴 요리

5 お好み焼き（この）
물에 푼 밀가루를 좋아하는 재료를 섞어 번철（철판）에 부친 음식

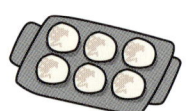
6 たこ焼き
낙지구이(물에 푼 밀가루에 잘게 썬 낙지와 파, 조미료를 넣고 구형의 틀에 부어 구운 것)

7 目玉焼き（めだま）
두 개의 달걀을 깨어 풀지 않고 나란히 팬에 놓아 지진 프라이(한 개의 경우도 가리킴)

8 卵焼き（たまご）
달걀에 조미료를 넣어 휘저어 부친 음식/달걀부침

1. 泣　2. 億　3. 焼

읽기

1. 乾く

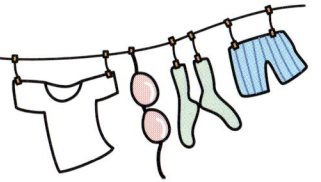

　ヨーロッパは日本より空気が**乾いて**いるので、**洗濯物**が**乾き**やすい。旅行中、夜、ホテルでシャツを**洗**って、掛けておくと、次の日にはもう**乾いて**いる。よく旅行する友達はいつも、**洗濯物**を掛けるために、ひもを持って行く。空気が**乾いて**いると、のども**乾いて**痛くなる。のどの**薬**とあめ*を持って行ったほうがいい。

＊あめ 사탕

2. 忘れ物

　日本人が外国へ行ったとき、困るのはチップ*¹の習慣だ。初めて旅行したとき、ホテルに着いて、荷物を部屋まで運んでもらった。**彼女**も⁺**僕**も部屋がとてもすてきだったので、うれしくて、窓を開けたり、きれいな**お手洗い**を見たりしていた。ホテルの人がいろいろ説明してくれた。
⁺**僕**は親切な人だと思って聞いていた。少しあとで*²、彼は変な顔をして*³、行ってしまった。⁺**僕**も**彼女**も「どうして？」と考えた。そして気がついた。「チップを**渡す**のを忘れた！」と。

*¹ チップ 팁　*² 少しあとで 조금 뒤에, 조금 후에　*³ 変な顔をして 이상한 얼굴을 하고

Lesson47　祭 科 庭 報 性 歳

I 술술 읽는 법 익히기

A
1. お祭(まつ)り　　雪祭(ゆきまつ)り　　夏祭(なつまつ)り　　お祭(まつ)りが好(す)きです
2. 科学(かがく)　　科学(かがく)の本(ほん)　　科学者(かがくしゃ)　　社会科(しゃかい)学
3. 庭(にわ)　　小(ちい)さい庭(にわ)　　庭(にわ)で野菜(やさい)を作(つく)ります
4. 天気予報(てんきよほう)　　天気予報(てんきよほう)を聞(き)きます　　天気予報(てんきよほう)を見(み)ます
5. 女性(じょせい)　　女性(じょせい)の声(こえ)　　若(わか)い女性(じょせい)　　日本(にほん)の女性(じょせい)
6. 男性(だんせい)　　男性(だんせい)の声(こえ)　　若(わか)い男性(だんせい)　　中国(ちゅうごく)の男性(だんせい)
7. ～歳(さい)　　何歳(なんさい)ですか　　80歳(さい)です
8. 怖(こわ)い　　火事(かじ)は怖(こわ)いです　　あの先生(せんせい)は怖(こわ)いです
9. 吹(ふ)く　　風(かぜ)が吹(ふ)きます　　風(かぜ)が強(つよ)く吹(ふ)いています

B
1. 人口(じんこう)　　日本(にほん)の人口(じんこう)　　人口(じんこう)が多(おお)いです
2. 医学(いがく)　　ドイツの医学(いがく)　　医学(いがく)を勉強(べんきょう)します
3. 文学(ぶんがく)　　日本(にほん)文学　　中国(ちゅうごく)文学　　アメリカの文学
4. 集(あつ)まる　　人(ひと)が集(あつ)まります　　10時(じ)に集(あつ)まります
5. 別(わか)れる　　妻(つま)と別(わか)れました　　駅(えき)で別(わか)れました

II 바로바로 써 먹는 사용법

1. ⁺札(さっ)⁺幌(ぽろ)の雪祭(ゆきまつ)りは毎年(まいとし)２月(がつ)に開(ひら)かれます。
2. 父(ちち)はお祭(まつ)りが好(す)きです。夏(なつ)になると、お祭(まつ)りが多(おお)いので、うれしそうです。
3. 夏(なつ)の朝(あさ)は庭(にわ)で食事(しょくじ)をします。小(ちい)さい庭(にわ)ですが、気持(きも)ちがいいです。
4. 弟(おとうと)は科学(かがく)が好(す)きで、将来(しょうらい)は科学者(かがくしゃ)になりたいと言(い)っています。
5. 天気予報(てんきよほう)によると、あしたは強(つよ)い風(かぜ)が吹(ふ)くそうです。
6. 天気予報(てんきよほう)は見(み)ません。⁺傘(かさ)を持(も)って歩(ある)くのが⁺嫌(きら)いですから。

怖 吹

7 昔は**女性**の仕事と**男性**の仕事は違いました。今は**女性**も**男性**も好きな仕事ができるようになりました。

8 100歳以上の人口が1万人になりました。

9 娘は来年17歳になります。

10 夜、一人で歩くのは**怖い**です。

11 兄は医学を、弟は文学を勉強しています。

12 10時にロビーに**集まって**ください。

13 今日は卒業式です。友達と**別れる**のは⁺寂しいです。

14 考え方の違いが⁺原⁺因で、妻と**別れ**ました。

III 쓱쓱 쓰는 법 익히기

祭	ノ	ク	タ	ダ	ダ	祭	祭	祭	祭
科	ノ	二	千	千	禾	禾	科	科	科
庭	丶	宀	广	庐	庐	庄	庄	庭	庭
報	土	圭	寺	幸	幸	幸丶	幸卩	報	報
性	丶	丷	忄	忄	忄	忄	性	性	
歳	丶	止	止	广	庐	崇	歳	歳	歳
怖	丶	丷	忄	忄	忄	怜	怖	怖	
吹	丨	口	口	口	吹	吹	吹		

척척 한자 박사

| 정리 | 여러가지 읽는 방법

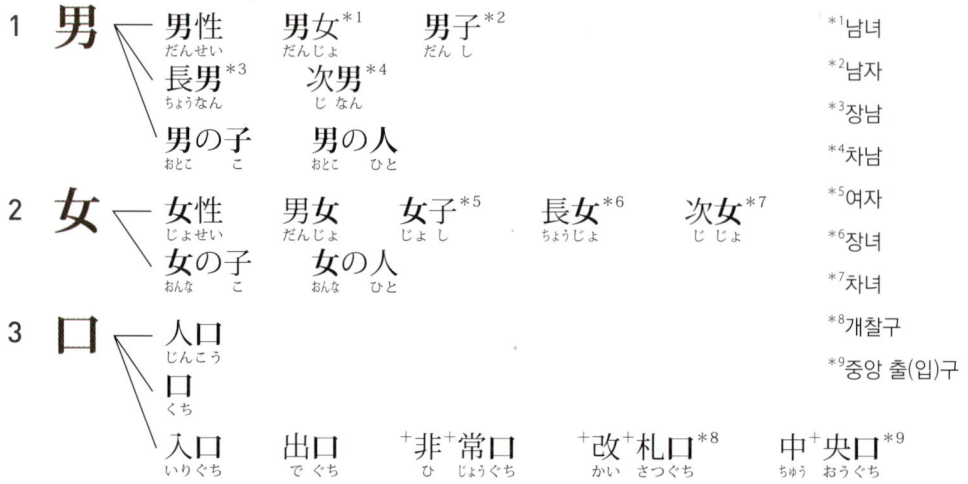

| 연습 | 같은 모양을 가진 한자를 써주세요.

1 (際 = 祭)　　2 (　　=　　)
3 (　　=　　)　　4 (　　=　　)

| 읽기 |

1. 田⁺舎
いなか

1年に1回、夏祭りのとき、田⁺舎の両親の家に兄弟が集まる。田⁺舎には90歳の父と85歳の母が2人で住んでいる。両親とわたしたち、兄弟はお酒を飲んだり、話したりする。子どもたちは庭で花火をする。別れるときは少し⁺寂しいが、また、来年みんなで集まることを約⁺束して、帰る。そしてまた忙しい生活に戻る。

2. 怖いこと

科学、医学の新しい技術で、赤ちゃんが生まれる前に、男か女か、わかる。どんな病気で死ぬか、わかる。人と同じ知能*¹を持つロボット*²も作れる。人口を多くすることも、少なくすることもできる。
21世紀*³はどんな世界になるか、考えると、ちょっと怖い。

*¹知能 지능   *²ロボット 로보트   *³21世紀 21세기

3. 女性と男性

病気でことばが話せなくなる人がいるが、これは女性には少ない。イギリスの科学雑誌によると、男性は話を聞くとき、脳*¹の左だけ使うが、女性は左と右の両方を使う。そのため*²、女性は左の脳に傷がついても、右の脳が働くので、話すことができるそうだ。

*¹脳 뇌   *²そのため 그 때문에

한자 달인

| 정리 | いろいろな専門

人文科学 인문 과학

文学 문학
心理学 심리학
言語学 언어학
教育学 교육학
社会学 사회학
経済学 경제학
法学 법학
政治学 정치학

自然科学 자연 과학

数学 수학
物理学 물리학
化学 화학
生物学 생물학
天文学 천문학
地理学 지리학
医学 의학
薬学 약학

Lesson 48

徒 息 娘 留 君 忙

I 술술 읽는 법 익히기

A
1. 生徒（せいと）　高校の生徒（こうこう）　中学校の生徒（ちゅうがっこう）
2. 息子（むすこ）　息子は学生です（がくせい）　木村さんの息子さんは会社員です（きむら／かいしゃいん）
3. 娘（むすめ）　娘が3人います（にん）　娘は医者です（いしゃ）
4. 留学生（りゅうがくせい）　大阪大学の留学生です（おおさかだいがく）　留学生が来ます（き）
5. 君（きみ）　君の本（ほん）　君の車（くるま）　君の住所（じゅうしょ）　君の電話番号（でんわばんごう）
6. 〜君（くん）　田中君、いますか（たなか）
7. 忙しい（いそが）　社長は忙しいです（しゃちょう）　仕事が忙しいです（しごと）
8. 届ける（とど）　荷物を届けます（にもつ）　空港まで届けてくれます（くうこう）
9. 遊ぶ（あそ）　子どもと遊びます（こ）　庭で遊びます（にわ）
10. 久しぶり（ひさ）　久しぶりですね

B
1. 説明する（せつめい）　試験について説明します（しけん）　旅行の予定を説明します（りょこう／よてい）
2. 世話をする（せわ）　留学生の世話をします（りゅうがくせい）　病気の人の世話をします（びょうき／ひと）
3. 自由に（じゆう）　自由に話します（はな）　けがで手が自由に動きません（て／うご）

II 바로바로 써 먹는 사용법

1. 北川君と東山君は同じ高校の生徒です。（きたがわ／ひがしやま／おな／こうこう）
2. 部長の息子さんは中国へ留学しています。（ぶちょう／ちゅうごく／りゅうがく）
3. 妻は娘を結婚させたいと思っていますが、娘は、仕事が恋人です。（つま／けっこん／おも／しごと／こいびと）
4. カリナさんは留学生のスピーチコンテストで1位になりました。（い）
5. ミラー君、このファイルを部長に届けてください。（ぶちょう）
6. 勉強が忙しくて、遊ぶ時間はありません。（べんきょう／じかん）
7. 仕事がおもしろいので、忙しくても楽しい毎日です。（しごと／たの／まいにち）

届 遊 久
492 509 223

8 荷物は先に空港に**届**けてもらいましたから、何も持たないで行けます。
9 国の友達に会うのは**久**しぶりです。
10 今月は毎日**忙**しかったです。休みは**久**しぶりです。
11 銀行の人が機械の使い方を**説明**してくれました。
12 **説明書**を読んでも、使い方がわかりません。
13 **留学生**のミンさんはうちで⁺**馬**の**世話**をしていたそうです。
14 大学では**自由**にパソコンを使うことができます。
15 1**億円**を**自由**に使うのがわたしの夢です。

III 쓱쓱 쓰는 법 익히기

徒	ノ	ク	イ	行	犴	徏	徒	徒	徒
息	′	イ	白	自	自	自	息	息	息
娘	く	タ	女	奴	妇	妒	娘	娘	娘
留	′	ᄂ	レ	印	印	留	留	留	留
君	フ	コ	ヨ	尹	尹	君	君		
忙	′	ハ	忄	忄	忙	忙			
届	フ	コ	尸	尸	居	居	届	届	
遊	亠	う	方	ガ	ガ	斿	斿	斿	遊
久	ノ	ク	久						

 # 척척 한자 박사

연습 I 한자를 만들어 봅시다.

1　月曜日は〔　しい　〕。
　　げつようび　　いそが

2　〔　子　〕は中国に留学している。
　　むすこ　　　ちゅうごく　りゅうがく

3　ここは中学校の〔　生　〕が通る道です。
　　　　ちゅうがっこう　　せい　と　　とお　みち

4　これは〔娘〕が作ったケーキです。
　　　　　むすめ　つく

연습 II 올바른 발음을 골라봅시다.

留学生
- りゆがくせい
- りゅうがくせい
- りゆうがくせい

自由に
- じゆに
- じゅうに
- じゆうに

I. 1.忙 2.息 3.徒　　II. 1.りゅうがくせい 2.じゆうに

읽기

1. 留学生の手紙

　田中さん、お元気ですか。日本ではお世話になりました。国へ帰って、もう６か月過ぎました。日本語で手紙を書くのは**久しぶり**です。

　今、わたしは国のコンピューターの会社で働いています。仕事は**忙しい**ですが、とても楽しいです。新入社員*も**自由**に仕事ができます。**忙しくても**、自分の時間も大切にしたいので、この間、休みを取って、バリ島へ**遊び**に行って来ました。バリでおもしろいデザインのシャツを買いました。今度日本へ行く友達に頼んで、田中さんに**届けて**もらいます。

　では、皆さんお元気で。さようなら。

タン

*¹新入社員 신입사원

2. 田中さんの手紙

　タン君　お手紙ありがとう。君から手紙をもらって、**君**がいたときのことを思い出しました。**息子**や**娘**といっしょに**遊び**に行ったディズニーランドのこと、病気のとき、**説明**できなくて、困ったことなど、いろいろありました。また文化の違いについてよく話したことも忘れられません。何を買うか、休みにどこへ行くか、うちのことは何でも妻が決めるので、**君**はびっくりしていましたね。**君**が君のお父さんにこのことを話したとき、お父さんは「この話はお母さんにしないで」と言ったそうですね。あとで聞いて、みんなで笑いました。また日本へ来るチャンスがあったら、連絡してください。ではまた。

田中

Lesson 49　灰 貿 存 階 様 召

I 술술 읽는 법 익히기

A
1. 灰皿(はいざら)　　ガラスの灰皿　　灰皿がありますか
2. 貿易(ぼうえき)　　貿易会社(かいしゃ)　　貿易をします
3. ご存じ(ぞん)　　田中(たなか)さんをご存じですか
4. ～階(かい/がい)　　1階　　2階　　何階(なん)
5. ～様(さま)　　田中様(たなか)　　お客様(きゃく)　　奥様(おく)
6. 召し上がる(めあ)　　お食事を召し上がります(しょくじ)　　お酒を召し上がります(さけ)
7. 寄る(よ)　　花屋に寄ります(はなや)　　スーパーに寄ります
8. 疲れる(つか)　　目が疲れました(め)　　お疲れさまでした
9. 勤める(つと)　　貿易会社に勤めています(ぼうえきがいしゃ)　　20年勤めました(ねん)
10. 泊まる(と)　　ホテルに泊まります　　友達のうちに泊まります(ともだち)

B
1. 会場(かいじょう)　　入学式の会場(にゅうがくしき)　　パーティー会場
2. 旅館(りょかん)　　古い旅館(ふる)　　安い旅館(やす)　　旅館に泊まります(と)
3. 帰りに(かえ)　　帰りにスーパーに寄ります(よ)

II 바로바로 써 먹는 사용법

1. ここは禁煙(きんえん)なので、灰皿はありません。
2. 父が貿易会社に勤めていたので、わたしはタイで生まれました。(ちち)(がいしゃ)(う)
3. 姉はおもちゃの貿易の仕事をしています。(あね)(しごと)
4. 奥様によろしくお伝えください。(おく)(つた)
5. 田中様があちらでお待ちになっています。(たなか)(ま)
6. 駐車場は地下2階です。(ちゅうしゃじょう)(ちか)
7. 60階のレストランで食事をしました。(しょくじ)

寄　疲　勤　泊
427　494　381　275

8　小川さんが転勤されたことをご存じですか。
9　奥様はお酒を召し上がりません。ジュースを用意してください。
10　勉強すると、すぐ疲れますが、遊ぶときは疲れません。
11　弟は3か月勤めて、会社をやめてしまいました。
12　日本へ行ったら、旅館に泊まってみたいです。
13　急に歯が痛くなったので、会社の帰りに歯医者へ行きました。
　　でも、休みでした。
14　ドイツ出張の帰りにウイーンに寄って、音楽を聞いて来ました。

Ⅲ　쓱쓱 쓰는 법 익히기

灰	一	厂	厃	厉	灰	灰			
貿	′	⺁	⺤	⺤	卯	留	留	貿	貿
存	一	ナ	才	存	存	存			
階	′	⻏	⻏	阝ヒ	阝ヒ	阶	阶	階	階
様	木	术	栏	栏	栏	样	样	样	様
召	フ	刀	刀	召	召				
寄	宀	宀	宇	宇	宒	害	害	害	寄
疲	亠	广	广	疒	疒	疗	痄	疲	疲
勤	一	廾	艹	苔	茸	堇	堇	勤	勤
泊	丶	冫	氵	氵	汁	泊	泊	泊	

척척 한자 박사

연습 한자를 만들어 보세요.

1. 广 2. 寄 3. 木 4. 疒 5. 刀

奇 兼 子 口 皮

읽기

1. 三宅島*¹ 噴火*²

毎朝新聞　二〇〇〇年九月三日

火山*³の噴火が続いている三宅島の人は危険なので、ほとんど全部の人が島を出なければならなくなった。2日午後、大きな荷物や犬、鳥といっしょに、船に乗って、東京へ向かった。

島で旅館をして*⁴いる石田のり子さんは、迎えに来た娘のまりさんと会った。東京の会社に勤めているまりさんと会うのは久しぶりなので、まりさんの家に泊まる予定だったが、島のニュースが早く聞ける所にいたいので、船に泊まるそうだ。

島に残っているのは役場*⁵の人、消防*⁶の人、警察の人とマスコミ*⁷の人だけで、みんな、夜は船に泊まる。島の人は疲れた様子だった。

*¹ 三宅島 미야케지마　*² 噴火 분화　*³ 火山 화산　*⁴ 旅館をする 여관을 하다　*⁵ 役場 관청
*⁶ 消防 소방　*⁷ マスコミ 매스컴

2. ご⁺案内

本日*¹のご予定　　　　　　　　　　　　　　　　　　花屋旅館

山田様、森様　ご⁺結⁺婚式⁺披⁺露⁺宴*²会場	一階	さくらの間*³
東西貿易⁺技⁺術部*⁴様	二階	きくの間*⁵
さくら大学小川研究室様	三階	ゆりの間*⁶
緑中学同窓会*⁷様	四階	うめの間*⁸

*¹ 本日 오늘　*² 披露宴 피로연　*³ さくらの間 벚꽃실　*⁴ 技術部 기술부
*⁵ きくの間 국화실　*⁶ ゆりの間 백합실　*⁷ 同窓会 동창회　*⁸ うめの間 매화실

한자 달인

정리 「場」를 사용한 단어

1　会場 회장
2　駐車場 주차장
3　運動場 운동장
4　式場 식장
5　練習場 연습장
6　スキー場 스키장
7　ゴルフ場 골프장
8　国際会議場 국제회의장
9　道場 도장
10　タクシー乗り場 택시 승강장
11　遊び場 놀이터
12　洗い場 설거지간, 주방
13　売り場 매장
14　ごみ置き場 쓰레기장
15　踊り場 무도장
16　酒場 술집, 바

Lesson50 宅 段 両 私 郊 放

I 술술 읽는 법 익히기

A
1. お宅（たく）　　部長のお宅（ぶちょう）　　田中さんのお宅（たなか）
2. 階段（かいだん）　　石の階段（いし）　　長い階段（なが）
3. 両親（りょうしん）　　わたしの両親　　ご両親　　両親は元気です（げんき）
4. 私（わたくし）　　私の意見（いけん）　　私はミラーと申します（もう）
5. 郊外（こうがい）　　静かな郊外（しず）　　東京の郊外（とうきょう）　　郊外に住んでいます（す）
6. 放送する（ほうそう）　　ニュースを放送します　　テレビで放送します
7. 拝見する（はいけん）　　切符を拝見します（きっぷ）　　社長の部屋を拝見しました（しゃちょう　へや）
8. 参る（まい）　　私が参ります（わたくし）　　あした3時に参ります（じ）
9. 伺う（うかが）　　私が伺います（わたくし）　　あした3時に伺います（じ）
10. 申す（もう）　　ミラーと申します　　田中と申します（たなか）

B
1. 心（こころ）　　子どもの心（こ）　　人の心（ひと）　　心が優しいです（やさ）
2. さ来月（らいげつ）　　さ来月、子どもが生まれます（こ　う）
3. 最初に（さいしょ）　　最初にワインを飲みます（の）　　最初に発音を練習します（はつおん　れんしゅう）
4. 最後に（さいご）　　最後にコーヒーを飲みます（の）　　最後に試験があります（しけん）

II 바로바로 써 먹는 사용법

1. きのう先生のお宅へ伺いました。郊外の静かな所でした。（せんせい　しず　ところ）
2. 部長が入院なさったと伺いましたが、ほんとうですか。（ぶちょう　にゅういん）
　…ええ、駅の階段から落ちて、足にけがをされたそうです。（えき　お　あし）
3. 長い石の階段を登って、屋上に出ると、海が見えます。（なが　いし　のぼ　おくじょう　で　うみ　み）
4. 妻の両親といっしょに住んでいます。（つま　す）
5. 東京でも、郊外は静かです。（とうきょう　しず）

학습 한자 한자어

〈주의〉
- 한자어의 어례는 포괄적인 것이 아닙니다. 즉 해당 학습 한자는 다른 한자어에서도 사용되는 경우가 있습니다.
- 페이지의 상부에 있는 한자는 해당 페이지에서 해설되어 있는 한자를 나타냅니다.
- 한자어의 어례가 2개의 부분으로 나뉘어져 있는 경우는 윗 부분이 이 책에서 학습하는 학습한자어, 아랫 부분은 학습 한자어가 아닙니다. 그렇지만 양쪽 다 공부함으로써 한자어의 시스템을 이해할 수 있습니다.
- *상용한자표의 읽는 법이 모두 한자어의 어례 뒤에 나와 있습니다.
  *상용한자표는 문부성이 작성한 한자 사용 기준을 나타낸 자료입니다.
- 페이지의 하단에 있는 한자는 그 페이지에서 학습하는 한자와 자형상 관계가 있는, 『初級Ⅰ 漢字』에서 이미 학습한 한자입니다.

〈 기호의 사용법 〉
- n 학습 한자어가 제출되는 단원
- △ 한자의 훈독 (또는 일본식 읽기)
- ▲ 한자의 음독 (또는 중국식 읽기)
- ⇨ 학습 한자와 같은 구성 요소를 가지는 한자
- ■ 학습 한자의 구성 요소가 되고 있는 한자(굵은 글씨)를 포함한 어휘
- 注 학습 한자와 자형이 비슷한 한자
- ＋ 그 한자가 학습 한자에 포함되지 않은 것을 나타낸다.

＜注意＞

- 漢字語の語例は包括的なものではありません。つまり、当該の学習漢字は他の漢字語でも使われることがあります。
- ページの上部にある漢字は当該のページで解説されている漢字を示します。
- 漢字語の語例が2つの部分に分かれている場合は、上の部分が本書で学習する学習漢字語で、下の部分は学習漢字語ではありません。しかしながら、両者を勉強することで、漢字語のシステムを理解することができます。
- 常用漢字表のすべての読み方が漢字語の語例の後に示されています。
  ＊常用漢字表というのは、文部科学省が作成した漢字使用の目安を示した資料です。
- ページの下部にある漢字は、そのページで学習する漢字と字形の上で関係がある『初級Ⅰ漢字』で既習の漢字です。

＜記号の使用法＞

- n 学習漢字語が提出されるユニット
- △ 漢字の訓読み（あるいは日本式読み）
- ▲ 漢字の音読み（あるいは中国式読み）
- ⇨ 学習漢字と同じコンポーネントを持つ漢字
- ■ 学習漢字のコンポーネントとなっている漢字（太字）を含む語
- 注 学習漢字と字形が似ている漢字
- ＋ その漢字が学習漢字に含まれないことを示す。

カ タ 久 エ 甘

力 221

28 力 힘
ちから

学力 학력
がくりょく
体力 체력
たいりょく
全力で 전력을 다해
ぜんりょく
+能力 능력
のうりょく

△ちから ▲りょく、りき

⇨ 動 61 働 265 勤 381 男 90 勉 120

務 349

タ 222

32 夕方 저녁
ゆうがた

夕日 석양
ゆうひ
夕食 저녁, 저녁밥 cf. 朝食, 昼食
ゆうしょく　　　　　　　　ちょうしょく、ちゅうしょく

△ゆう ▲せき

⇨ 外 89 夢 413

久 223

48 久しぶり 오래간만
ひさ

△ひさ(しい) ▲きゅう、く

エ 224

36 工場 공장
こうじょう

工事 공사
こうじ
人工(の) 인공
じんこう
工学 공학
こうがく
工業製品 공업제품
こうぎょうせいひん

▲こう、く

⇨ 空 426

甘 225

34 甘い 달다
あま

甘える 응석부리다,
あま　　　어리광 부리다
甘味料 감미료
かんみりょう

△あま(い)、あま(える)、あま(やかす)

▲かん

太 牛 片 予 不

太 226
- [36] 太い / 굵다
  - ふと
- [36] 太る / 살찌다
  - ふと

- 太+陽 / 태양
  - たい よう
- △ふと(い)、ふと(る)　▲たい、た

牛 227
- [32] 牛乳 / 우유
  - ぎゅうにゅう

- 牛肉 / 소고기
  - ぎゅうにく
- 牛 / 소
  - うし
- △うし　▲ぎゅう
- ⇨ 物 84　特 325

片 228
- [30] 片づける / 치우다, 정리(정돈)하다, 결말을 내다, 끝내다
  - かた

- 片づく / 정리(정돈)되다, 처리되다
  - かた
- 片手 / 한쪽 손
  - かたて
- 片足 / 한쪽 다리, 발
  - かたあし
- 片道 / 편도
  - かたみち
- △かた　▲へん

予 229
- [30] 予定 / 예정
  - よてい
- [30] 予習する / 예습하다
  - よしゅう
- [30] 予約する / 예약하다
  - よやく
- [47] 天気予報 / 일기예보
  - てんきよほう
- ▲よ

不 230
- [25] 不便な / 불편한
  - ふべん

- 不足 / 부족
  - ふそく
- 水不足 / 물 부족
  - みずぶそく
- 不安な / 불안한
  - ふあん
- 不十分な / 불충분한
  - ふじゅうぶん
- ▲ふ、ぶ

心 必 米 以 亡

心 231

- [28] 熱心な(ねっしん) 열심인
- [39] 安心する(あんしん) 안심하다
- [39] 心配する(しんぱい) 걱정하다
- [50] 心(こころ) 마음

- 本心(ほんしん) 본심
- 中心(ちゅうしん) 중심

△こころ ▲しん

⇨ 悪 140 思 168 窓 213 意 217 急 406
忘 471 念 472 息 473

必 232

- [36] 必ず(かなら) 틀림없이, 어김없이, 꼭
- [40] 必要な(ひつよう) 필요한

必ずしも(かなら) 반드시 cf. 必ずしも(かなら)~ない = 반드시, 꼭 ~인 것은 아니다

△かなら(ず) ▲ひつ

米 233

- [37] 米(こめ) 쌀

- 米国(べいこく) 미국
- 北米(ほくべい) 북미
- 南米(なんべい) 남미

△こめ ▲べい、まい

⇨ 料 161 番 477 奥 205 歯 431

以 234

- [33] ~以内(いない) ~이내
- [40] ~以上(いじょう) ~이상
- [40] ~以下(いか) ~이하

- 以前(いぜん) 이전
- 以後(いご) 이후
- ~以外(いがい) ~이외

▲い

亡 235

- [38] 亡くなる(な) 죽다

△な(い) ▲ぼう、もう

⇨ 忘 471 忙 299

正 世 両 由 皿

正 236
- 25 正月 (しょうがつ) 정월, 설날
- 35 正しい (ただ) 옳다, 바르다

正直な (しょうじき) 정직한
△ ただ(しい)、ただ(す)、まさ ▲ せい、しょう

世 237
- 25 世界 (せかい) 세계
- 48 世話をする (せわ) 보살피다, 시중을 들다

世代 (せだい) 세대
二世 (にせい) 이세
中世 (ちゅうせい) 중세
△ よ ▲ せい、せ

両 238
- 50 両親 (りょうしん) 부모(님)

両手 (りょうて) 양 손, 양쪽 손
両足 (りょうあし) 양 다리, 양쪽 다리
両方 (りょうほう) 양쪽
▲ りょう

由 239
- 44 理由 (りゆう) 이유
- 48 自由に (じゆう) 자유롭게

不自由な (ふじゆう) 부자유한
△ よし ▲ ゆ、ゆう、ゆい

皿 240
- 30 お皿 (さら) 접시
- 49 灰皿 (はいざら) 재떨이

皿洗い (さらあら) 설거지
△ さら

⇨ 塩 293

用　冊　曲　耳　並　申

用 241

|24| 用事　볼일, 용무
|37| 利用する　이용하다
|45| 用意する　준비하다

使用する　사용하다
用意　준비
用語　용어
用途　용도
+費用　비용
用いる　쓰다, 사용하다, 이용하다
△もち(いる)　▲よう

冊 242

|38| 〜冊　권
▲さつ、さく
注 皿 240

曲 243

|33| 曲がる　구부러지다, 돌다

曲げる　구부리다
曲　곡
名曲　명곡
作曲する　작곡하다
△ま(がる)、ま(げる)　▲きょく
注 皿 240

耳 244

|36| 耳　귀

早耳　(소문 따위를) 빨리 들어 아는 일. 또 그 사람
△みみ　▲じ
⇨ 取 365　恥 366　聞 94

並 245

|39| 並ぶ　한 줄로 서다, 늘어서다
|39| 並べる　늘어놓다, 나란히 하다

並木　가로수
△なみ、なら(べる)、なら(ぶ)、なら(びに)　▲へい
⇨ 普 469

申 246

|50| 申す　말하다 (겸손한 말)

申し上げる　말씀드리다, 여쭈다　서체?
申し入れ　신청, 의사의 표시
△もう(す)　▲しん
⇨ 神 336

果 式 参 弱 卵 飛

果 247
41 果物(くだもの) 과일
△は(たす)、は(てる)、は(て) ▲か
⇨ 菓 410

式 248
31 ～式(しき) ～식

+結+婚式(けっこんしき) 결혼식
入学式(にゅうがくしき) 입학식
卒業式(そつぎょうしき) 졸업식
正式に(せいしきに) 정식으로
+公式の(こうしきの) 공식의
▲しき
⇨ 試 361

参 249
50 参る(まいる) 가다, 오다 (겸손한 말)

参+加する(さんかする) 참가하다
参考書(さんこうしょ) 참고서
△まい(る) ▲さん

弱 250
36 弱い(よわい) 약하다 cf. 強い(つよい) 강하다, 세다

弱まる(よわまる) 약해지다
弱める(よわめる) 약하게 하다
弱点(じゃくてん) 약점
△よわ(い)、よわ(る)、よわ(まる)、よわ(める) ▲じゃく

卵 251
38 卵(たまご) 달걀, 계란
△たまご ▲らん
注 迎 499

飛 252
31 飛行機(ひこうき) 비행기

飛行場(ひこうじょう) 비행장 cf. 空港(くうこう) 공항
飛ぶ(とぶ) 날다
△と(ぶ)、と(ばす) ▲ひ

次 冷 化 付

次 253

[40] 次(の) 다음(의)
つぎ

次男 차남
じなん
次回 차회, 다음 회(번)
じかい
目次 목차
もくじ

△つ(ぐ)、つぎ ▲じ、し

⇨ 吹 309 飲 83 歌 216 欲 388

■ +欠席する 결석하다
   けっせき

冷 254

[30] 冷たい 차갑다 cf. 寒い 429
つめ   さむ

(冷たい는 만져서 차가울
 つめ
때 사용되고, 寒い는 공기
            さむ
의 온도에 사용된다.)

冷える 차가워지다, 식다
ひ   냉담해지다

冷やす 차게 하다, 식히다
ひ

冷+蔵+庫 냉장고
れい ぞう こ

△つめ(たい)、ひ(える)、ひ(や)、

ひ(やす)、ひ(やかす)、さ(める)、

さ(ます) ▲れい

■ +命+令する 명령하다
   めい れい

化 255

[42] 文化 문화
ぶんか

化学 화학 cf. 科学 과학
かがく   かがく
自由化 자유화
じゆうか
合理化 합리화
ごうりか
〜化する 〜화 하다
  か
〜化 〜화
 か

△ば(ける)、ば(かす) ▲か、け

⇨ 北 158 死 340

付 256

[33] 受付 접수, 접수처
うけつけ

付ける 붙이다, 첨부하다
つ

△つ(く)、つ(ける) ▲ふ

⇨ 村 327 寺 419

■ +寸 촌. 치 (길이의 단위)
   すん

休 何 借 使 作 便 仕 住 体　亻사람 / 사람의 움직임과 관계가 있음을
47 49 116 131 132 144 153 181 197
시사한다.

代 伝 伺 低 倍 個

代 257

[39] ～代(だい)　대금 / ～요금 (電気代でんきだい, ガス代だい, 電話代でんわだい, 등.)

世代(せだい)　세대
時代(じだい)　시대
古代(こだい)　고대
+現代(げんだい)　현대
～代(だい)　～대

△か(わる)、か(える)、よ、しろ

▲だい、たい

伝 258

[33] 伝える(つた)　전하다, 알리다
[34] 手伝う(てつだ)　돕다, 거들다

伝言(でんごん)　전언

△つた(わる)、つた(える)、つた(う)

▲でん

伺 259

[50] 伺う(うかが)　방문하다, 묻다 (겸양의 말)

△うかが(う)　▲し

■ +司会(しかい)　사회

低 260

[36] 低い(ひく)　낮다

最低の(さいてい)　최저의　cf. 最高の(さいこう) 최고의, 가장 높은

△ひく(い)、ひく(まる)、ひく(める)

▲てい

注 紙 107

倍 261

[44] ～倍(ばい)　～배

▲ばい

⇨ 部 210

個 262

[40] ～個(こ)　～개

個人(こじん)　개인
個性(こせい)　개성

▲こ

■ +固体(こたい)　고체

側 倒 働 億 優 役 彼

側 263

|29| ~側 ~측, ~쪽
　　がわ

右側　　우측, 오른쪽
みぎがわ
左側　　좌측, 왼쪽
ひだりがわ
両側　　양측, 양쪽
りょうがわ
外側　　바깥측, 바깥쪽
そとがわ
内側　　안측, 안쪽
うちがわ
窓側　　창측, 창쪽 (창가 자리)
まどがわ

△かわ　▲そく

⇨ 利 145　倒 264　別 382　割 383

■ +規 +則　규칙
　　き　そく

倒 264

|39| 倒れる　쓰러지다, 자빠지다,
　　たお　　넘어지다

倒す　　쓰러뜨리다, 넘어뜨리다
たお
△たお(れる)、たお(す)　▲とう

⇨ 利 145　側 263　別 382　割 383

■ +到達する　도달하다
　　とうたつ

働 265

|45| 働く　일하다
　　はたら

+労働　　노동
ろうどう
△はたら(く)　▲どう

⇨ 重 141　動 61　勤 381　勉 120

億 266

|46| 億　　억
　　おく
▲おく

⇨ 意 217　音 185　心 231

優 267

|28| 優しい　상냥하다, 다정하다,
　　やさ　　부드럽다

優勝する　우승하다
ゆうしょう
△やさ(しい)、すぐ(れる)　▲ゆう

役 268

|27| 役に立つ　도움이 되다, 쓸모가
　　やく　た　있다, 소용되다,
　　　　　　유용하다(유익)하다

▲やく、えき

⇨ 投 315　段 391

彼 269

|46| 彼　　그
　　かれ
|46| 彼女　그녀
　　かのじょ
△かれ、かの　▲ひ

⇨ 疲 494

■ +皮　껍질
　　かわ

後　行　待　彳가는 것 / 오는 것과 관련이 있음을 시사한다.
46　50　124

徒 律 復 汚 決 泊 泣

徒 270
[48] 生徒 학생
　　せいと

　　キリスト教徒 크리스트교도
　　　　　きょうと
　　イスラム教徒 이슬람교도
　　　　　きょうと
　　+仏教徒 불교도
　　　ぶっきょうと
　　▲と
　　⇨ 起 99 走 420

律 271
[42] 法律 법률
　　ほうりつ
　　▲りつ、りち

復 272
[30] 復習する 복습하다
　　ふくしゅう

　　+往復する 왕복하다
　　　おうふく
　　▲ふく
　　■+複+雑な 복잡한
　　　ふく ざつ

汚 273
[29] 汚れる 더러워지다
　　よご
[39] 汚い 더럽다
　　きたな

　　汚す 더럽히다
　　よご
　　△けが(す)、けが(れる)、けが(らわし
　　い)、よご(す)、よご(れる)、きたな(い)
　　▲お

決 274
[40] 決める 결정하다
　　き

　　決まる 결정되다
　　き
　　決勝 결승
　　けっしょう
　　△き(める)、き(まる)　▲けつ

泊 275
[49] 泊まる 묵다, 체재하다
　　と

　　二泊三日 이박삼일
　　にはくみっか
　　△と(まる)、と(める)　▲はく
　　⇨ 白 69

泣 276
[44] 泣く 울다
　　な

　　泣き声 울음 소리
　　な ごえ
　　△な(く)　▲きゅう
　　⇨ 立 125

酒 漢 海　氵물과 관련이 있음을 시사한다.
104 174 208

泳 沸 法 治 活 注

泳 277
- 27 泳ぐ (およ) — 헤엄치다
- 36 水泳 (すいえい) — 수영

△およ(ぐ)　▲えい

■ +永遠の (えいえん) — 영원한

沸 278
- 42 沸かす (わ) — 끓이다

沸く (わ) — 끓다

△わ(く)、わ(かす)　▲ふつ

法 279
- 41 文法 (ぶんぽう) — 문법
- 42 法律 (ほうりつ) — 법률

方法 (ほうほう) — 방법

▲ほう、はっ、ほっ

⇨ 去 54

治 280
- 32 治る (なお) — 낫다, 치유되다
- 42 政治 (せいじ) — 정치

治す (なお) — 고치다, 치료하다
政治家 (せいじか) — 정치가

△おさ(める)、おさ(まる)、なお(る)、なお(す)　▲じ、ち

⇨ 台 460　始 306

活 281
- 35 生活 (せいかつ) — 생활

活動 (かつどう) — 활동
活発な (かっぱつ) — 활발한

▲かつ

⇨ 話 97　辞 359

■ +舌 (した) — 혀

注 282
- 37 注意する (ちゅうい) — 주의하다

注目する (ちゅうもく) — 주목하다
注文する (ちゅうもん) — 주문하다
注ぐ (そそ) — 따르다

△そそ(ぐ)　▲ちゅう

⇨ 主 79　駐 378

洋 洗 消 涼 済 渡 港

洋 283
[25] 洋服　　　양복
ようふく

西洋　　　서양
せいよう
東洋　　　동양
とうよう
太+平洋　　태평양
たい へいよう
大西洋　　대서양
たいせいよう

▲よう

■+羊　양
ひつじ

洗 284
[46] 洗う　　　씻다
あら
[46] お手洗い　화장실
てあら
[46] 洗濯する　빨래하다, 세탁하다
せんたく

洗濯機　　세탁기
せんたくき
水洗トイレ　수세식 화장실
すいせん

△あら(う)　▲せん

⇨ 先 27

消 285
[29] 消える　　꺼지다, 사라지다
き
[37] 消す　　　끄다, 지우다
け

消しゴム　지우개
け
取り消す　취소하다
と　け
消化する　소화하다
しょうか

△け(す)、き(える)　▲しょう

涼 286
[43] 涼しい　　시원하다
すず
△すずし(い)、すず(む)　▲りょう

⇨ 京 159

済 287
[42] 経済　　　경제
けいざい
△す(む)、す(ます)　▲さい

渡 288
[46] 渡す　　　건네(주)다
わた
[46] 渡る　　　건너다, 지나다,
わた　　　　 넘어가다

△わた(る)、わた(す)　▲と

⇨ 度 182

港 289
[31] 空港　　　공항
くうこう
[35] 港　　　　항구
みなと

港町　　　항구 도시
みなとまち

△みなと　▲こう

⇨ 配 372　記 360

■自+己中心の　자기 중심의
じ こちゅうしん

湯 濯 場 塩 増 険

湯 290
[26] 湯 / ゆ — 뜨거운 물

湯気 / ゆげ — 수증기
熱湯 / ねっとう — 열탕, 뜨거운 물

△ゆ ▲とう

⇨ 場 292

濯 291
[46] 洗濯する / せんたく — 빨래하다, 세탁하다

洗濯機 / せんたくき — 세탁기

▲たく

⇨ 曜 166

場 292
[25] 売り場 / うば — 매장
[26] 駐車場 / ちゅうしゃじょう — 주차장
[36] 工場 / こうじょう — 공장
[45] 場合 / ばあい — 경우
[49] 会場 / かいじょう — 회장

場所 / ばしょ — 장소
立場 / たちば — 입장
飛行場 / ひこうじょう — 비행장 cf. 空港 / くうこう — 공항

△ば ▲じょう

⇨ 湯 290

塩 293
[34] 塩 / しお — 소금

食塩 / しょくえん — 식염 (식용 소금)
塩辛い / しおからい — 짜다

△しお ▲えん

⇨ 皿 240

増 294
[43] 増える / ふ — 늘다

増やす — 늘리다
増+加する / ぞうか — 증가하다
増大する / ぞうだい — 증대하다
倍増する / ばいぞう — 배증하다

△ま(す)、ふ(える)、ふ(やす)   ▲ぞう

⇨ 贈 367

険 295
[40] 危険な / きけん — 위험한

+保険 / ほけん — 보험
険悪な / けんあく — 험악한
険しい / けわ — 험하다, 험상궂다

△けわ(しい)   ▲けん

⇨ 験 379

■ +剣 / けん — 검

地 土(土7) 지면 / 흙과 관계가 있음을 시사한다.
151

隅 階 際 忙 性 怖

隅 296

[30] 隅
すみ
모서리, 모퉁이 cf. 角₄₀₄
かど
(隅는 내부의 모퉁이를 나타내고, 角는 외부의 귀퉁이를 나타낸다.)

△すみ ▲ぐう

■⁺偶⁺然 우연
　ぐう　ぜん

階 297

[49] ～階 　～층
　かい/がい
[50] 階段 　계단
　かいだん

段階 　단계
だんかい

▲かい

⇨ 皆 476

際 298

[42] 国際～ 　국제~
　こくさい

国際連合 　국제 연합
こくさいれんごう
国際⁺的な 　국제적인
こくさい　てき

△きわ ▲さい

⇨ 祭 480

■⁺警⁺察 경찰
　けい　さつ

忙 299

[48] 忙しい 　바쁘다
　いそが

△いそが(しい) ▲ぼう

⇨ 亡 235 忘 471

性 300

[47] 女性 　여성
　じょせい
[47] 男性 　남성
　だんせい

性 　성
せい
性別 　성별
せいべつ
本性 　본성
ほんしょう

▲せい、しょう

⇨ 生 26

怖 301

[47] 怖い 　무섭다
　こわ

怖がる 　무서워하다
こわ
⁺恐怖 　공포
きょうふ

△こわ(い) ▲ふ

■⁺布 직물, 삼베와 무명
　ぬの

降　院　阝지형 / 흙과 관련이 있음을 시사한다.
167　196

慣 将 狭 引

慣 302
- [28] 習慣　　習관
- [36] 慣れる　익숙해지다

- 見慣れた　익숙하다, (낯익다) 서체?
- 慣習　　관습
- △な(れる)、な(らす)　▲かん
- ⇨ 員30 買98 貸115 負405 質450
  貿484
- ■+貫く　관통하다, 꿰뚫다, 관철하다

将 303
- [28] 将来　　장래
- ▲しょう

狭 304
- [39] 狭い　　좁다
- △せま(い)、せば(める)、せば(まる)
- ▲きょう

引 305
- [30] 引く　　당기다
- [30] 引き出し　서랍

- 引き出す　꺼내다
- 長引く　오래 끌다, 지연되다
- 引き返す　되돌아가다(오다)
- 引っかかる　걸리다, 방해받다, 속다, 말려들다
- 引き分け　갈라 놓음, 비김, 무승부
- 取引　　거래
- 引力　　인력
- 引用する　인용하다
- 引+退する　은퇴하다
- 強引な　강인한
- △ひ(く)、ひ(ける)　▲いん
- ⇨ 強121
- ■+弓　활

始 娘 吸 吹 呼 咲 喫

始 306

|24| 始める　시작하다
　　はじ
|31| 始まる　시작되다
　　はじ

始まり　시작, 시초, 기원, 비롯함
はじ
始め　시작, 개시
はじ
開始する　개시하다
かいし
始発　시발(처음으로 출발함),
しはつ　그 곳에서부터 출발함

△はじ(まる)、はじ(める)　▲し

⇨ 台 460　治 280

娘 307

|48| 娘(さん)　딸, (젊은)미혼 여성
　　むすめ

△むすめ

⇨ 食 82　安 63　妻 462　要 463

■⁺良心　양심
　りょうしん

吸 308

|33| 吸う　들이마시다, 빨아들이다,
　　す　　피우다(담배)

呼吸　호흡
こきゅう

△す(う)　▲きゅう

■⁺及ぶ　미치다, 달하다
　およ

吹 309

|47| 吹く　불다
　　ふ

△ふ(く)　▲すい

⇨ 飲 83　歌 216　次 253　欲 388

■⁺欠席する　결석하다
　けっせき

呼 310

|37| 呼ぶ　부르다
　　よ

呼び出す　호출하다, 불러 내다
よ　だ
呼吸　호흡
こきゅう

△よ(ぶ)　▲こ

咲 311

|43| 咲く　피다
　　さ

△さ(く)

喫 312

|29| 喫茶店　커피숍 / 다방
　　きっさてん

喫⁺煙コーナー　흡연 구역
きつ　えん

▲きつ

■⁺契約する　계약하다
　けいやく

好　姉　妹　女(女 91) 여자들과 관련이 있음을 시사한다.
78 206 207
味　ロ(口 163) 입과 관련이 있음을 시사한다.
218

払 打 投 押 拝 招 拾 捨 掛

払 313

[43] 払う　　　지불하다
　　はら
　　△はら(う)　▲ふつ

　⇨ 私 345　去 54　広 135　台 460

打 314

[36] 打つ　　　치다
　　う

　　打ち合わせ　타합, 협의
　　う あ
　　△う(つ)　▲だ

　⇨ 町 180

　■ ⁺丁　시가지의 구분(가)街
　　ちょう

投 315

[33] 投げる　　　던지다
　　な

　　△な(げる)　▲とう

　⇨ 役 268　段 391

押 316

[44] 押す　　　밀다
　　お
[44] 押し入れ　옷장, 반침
　　お
　　△お(す)、お(さえる)　▲おう

　■ ⁺甲　등 (갑옷, 게, 거북 따위의
　　こう　　등딱지, 손발)

拝 317

[50] 拝見する　보다(겸손한 말)
　　はいけん
　　△おが(む)　▲はい

招 318

[37] 招待する　초대하다
　　しょうたい

　　招く　　　손짓하여 부르다,
　　まね　　　불러오다, 초빙하다,
　　　　　　　초래하다
　　△まね(く)　▲しょう

　⇨ 召 459

　■ ⁺紹⁺介する　소개하다
　　しょう かい

拾 319

[35] 拾う　　　줍다
　　ひろ
　　△ひろ(う)　▲しゅう、じゅう

　⇨ 合 399

捨 320

[35] 捨てる　　　버리다
　　す

　　見捨てる　내버려 둔 채 돌보지
　　みす　　　않다
　　△す(てる)　▲しゃ

　■ 校⁺舎　교사
　　こう しゃ

掛 321

[30] 掛ける　　　걸다
　　か
　　△か(ける)、か(かる)、かかり

持　扌손과 관련이 있음을 시사한다.
187

換 帽 焼 特 机 村 枚

換 322
[34] 乗り換える　갈아타다
　　の　　か

交換する　교환하다
こうかん
換気する　환기하다
かん き
△か(える)、か(わる)　▲かん

帽 323
[26] 帽子　　　모자
　　ぼう し
▲ぼう

■ +冒険　모험
　　ぼうけん

焼 324
[46] 焼く　　　굽다
　　や
[46] 焼ける　타다; 구워지다
　　や

日焼け　피부가 햇볕에 타서
ひ や　　검게 되는 일

夕焼け　석양
ゆう や
△や(く)、や(ける)　▲しょう

⇨ 火 3

特 325
[25] 特に　　　특히
　　とく
[25] 特急　　　특급
　　とっきゅう
[36] 特別な　　특별한
　　とくべつ

特長　　특별한 장점
とくちょう
特色　　특색
とくしょく
▲とく

⇨ 寺 419　時 41　待 124　持 187

机 326
[30] 机　　　책상
　　つくえ
△つくえ　▲き

村 327
[35] 村　　　마을
　　むら

村長　　촌장
そんちょう
△むら　▲そん

⇨ 付 256　寺 419

■ +寸　촌, 치 (단위)
　　すん

枚 328
[43] ～枚　　～장
　　まい
▲まい

⇨ 教 118　放 338　散 390

物　　校　　木(木 5) 나무 / 목재와 관련이 있음을 시사한다.
84　　52

枝 様 横 橋 機 械

枝 329

[38] 枝(えだ)　가지, 갈래

小枝(こえだ)　작은 가지
△えだ　▲し

■ ⁺支店(してん)　지점

様 330

[49] ～様(さま)　～씨(존경, 공손을 나타냄)

多様な(たよう)　다양한
多様性(たようせい)　다양성
多様化(たようか)　다양화
同様の(どうよう)　같은, 같은 모양
様子(ようす)　모양, 상태, 징조, 눈치, 태도
神様(かみさま)　신
△さま　▲よう

横 331

[26] 横(よこ)　옆, 곁, 가로
　　　　cf. ⁺縦(たて) 세로

横切る(よこぎ)　가로지르다, 횡단하다
△よこ　▲おう

■ ⁺黄色い(きいろ)　노랑, 노란 색

橋 332

[38] 橋(はし)　다리

歩道橋(ほどうきょう)　보도교, 인도교, 육교
△はし　▲きょう

機 333

[31] 飛行機(ひこうき)　비행기
[35] 機会(きかい)　기회
[37] 機械(きかい)　기계

機内(きない)　기내
機内食(きないしょく)　기내식
コピー機(き)　복사기
～機(き)　～기
△はた　▲き

械 334

[37] 機械(きかい)　기계
▲かい

■ ⁺戒律(かいりつ)　계율

祝 神 祖 放 残 死

祝 335

[41] お祝い / いわ 축하

+結+婚祝い / けっこんいわ 결혼 축하
祝日 / しゅくじつ 축일
祝電 / しゅくでん 축전
祝辞 / しゅくじ 축사
△いわ(う) ▲しゅく、しゅう

⇨ 兄 203

神 336

[29] 神社 / じんじゃ 신사

神 / かみ 신
神父 / しんぷ 신부
神話 / しんわ 신화
神主 / かんぬし 신사의 신관, 우두머리
△かみ、かん、こう ▲しん、じん

⇨ 申 246

祖 337

[41] 祖父 / そふ 조부, 할아버지
[41] 祖母 / そぼ 조모, 할머니

祖先 / そせん 조상
▲そ

放 338

[50] 放送する / ほうそう 방송하다
△はな(す)、はな(つ)、はな(れる)
▲ほう

⇨ 方 176 教 118 枚 328 散 390

残 339

[31] 残る / のこ 남다
[45] 残念な / ざんねん 유감인

残す / のこ 남기다
残り / のこ 남은 것, 나머지
残らず / のこ 남김 없이, 전부, 모두
残業 / ざんぎょう 잔업
残金 / ざんきん 잔금
△のこ(る)、のこ(す) ▲ざん

死 340

[39] 死ぬ / し 죽다

死人 / しにん 죽은 사람
死者 / ししゃ 사자, 죽은 사람
死 / し 죽음
△し(ぬ) ▲し

社 ネ신 / 정신적인 것과 관련이 있음을 시사한다. 旅 117 族 202

珍 暖 勝 眠 私

珍 341

[35] 珍しい　드물다, 귀하다
　めずら
　△めずら(しい)　▲ちん

　■⁺王　왕
　　　おう

暖 342

[43] 暖かい　따뜻하다
　あたた

　暖める　따뜻하게 하다, 덥게
　あたた　　하다
　暖まる　따뜻해지다, 훈훈해지다
　あたた
　暖冬　난동 (평년보다 따뜻한
　だんとう　겨울)
　暖⁺房　난방
　だんぼう
　△あたた(か)、あたた(かい)、
　あたた(まる)、あたた(める)　▲だん

勝 343

[32] 勝つ　이기다 cf. 負ける 지다
　か　　　　　　　　 ま

　勝者　승자, 승리자
　しょうしゃ
　勝利　승리
　しょうり
　勝負　승부
　しょうぶ
　優勝する　우승하다
　ゆうしょう
　決勝　결승
　けっしょう
　△か(つ)、まさ(る)　▲しょう

　⇨ 月 2

眠 344

[28] 眠い　졸리다
　ねむ

　眠る　자다
　ねむ
　△ねむ(る)、ねむ(い)　▲みん

　⇨ 目 164

　■⁺民主主⁺義　민주주의
　　みんしゅしゅぎ

私 345

[50] 私　나, 저
　わたくし

　私立大学　사립 대학
　しりつだいがく
　　　　cf. 国立大学　국립 대학
　　　　　こくりつだいがく
　△わたくし　▲し

　⇨ 払 313

理	晩	時	映	明	暗	曜	日(日1) 태양/일(日)과 관련이 있음을 시사한다.
162	40	41	108	133	134	166	
服	利	秋					
183	145	190					

科　初　研　務　約

科 346

[47] 科学（かがく）　과학　cf. 化学（かがく）　화학

教科書（きょうかしょ）　교과서
外科（げか）　외과
内科（ないか）　내과
歯科（しか）　치과
▲か

⇨ 料 161

初 347

[40] 初めに（はじ）　시작, 첫머리
[40] 初めて（はじ）　처음, 첫 번째
[50] 最初に（さいしょ）　처음에

初恋（はつこい）　첫 사랑
△はじ(め)、はじ(めて)、はつ、うい、そ(める)　▲しょ

⇨ 切 114

■ +刀（かたな）　칼

研 348

[24] 研究する（けんきゅう）　연구하다
[38] 研究室（けんきゅうしつ）　연구실

研究所（けんきゅうじょ）　연구소
△と(ぐ)　▲けん

⇨ 石 458　形 386　開 214

務 349

[31] 事務所（じむしょ）　사무소

事務室（じむしつ）　사무실
事務（じむ）　사무
事務員（じむいん）　사무원
+公務員（こうむいん）　공무원
外務+省（がいむしょう）　외무성
国務+省（こくむしょう）　국무성
△つと(める)　▲む

約 350

[30] 予約する（よやく）　예약하다

約束する（やくそく）　약속하다
先約（せんやく）　선약
+公約（こうやく）　공약
約〜（やく）　약〜
▲やく

紙 107　終 170　糸실 / 짜는 실과 관련이 있음을 시사한다.

細 経 絡 絵 続 緑

|細| 351

[34] 細い　　　가늘다
ほそ
[44] 細かい　　잘다, 촘촘하다,
こま　　　　자세하다, 세세하다

△ほそ(い)、ほそ(る)、こま(か)、
　こま(かい)　▲さい

⇨ 田 10　男 90　留 478

|経| 352

[28] 経験する　경험하다
けいけん
[42] 経済　　　경제
けいざい

経理　　　경리
けいり
神経　　　신경
しんけい
△へ(る)　▲けい、きょう

⇨ 軽 142

|絡| 353

[45] 連絡する　연락하다
れんらく
△から(む)、から(まる)　▲らく

■ +各自　각자
　かくじ

|絵| 354

[26] 絵　　　그림
え

絵本　　　그림책
えほん
絵画　　　회화, 그림
かいが
▲かい、え

⇨ 会 28

|続| 355

[32] 続ける　　계속하다
つづ
[32] 続く　　　계속되다
つづ

話し続ける　이야기를 계속하다 cf.
はな　つづ
　　　　　　～続ける ～계속하다
　　　　　　　つづ
降り続く　　비가 계속 내리다
ふ　つづ
　　　　　(통상 진행형의 표현은
　　　　　　～続ける이지만, 降り
　　　　　　　つづ　　　　　　ふ
　　　　　　続くと는 예외로써 진행
　　　　　　つづ
　　　　　　형을 나타낸다.)

続き　　　이음, 연결,
つづ　　　계속(하는 부분)
手続き　　수속
てつづ
△つづ(く)、つづ(ける)　▲ぞく，

⇨ 売 130　読 95

|緑| 356

[35] 緑　　　녹색, 초록
みどり

緑色　　　녹색, 초록
みどりいろ
緑地　　　녹지
りょくち
△みどり　▲りょく、ろく

練 船 辞 記 試 説

練 357

[45] 練習する　연습하다
　　れんしゅう

洗練された　세련된
せんれん

△ね(る)　▲れん

⇨ 東 155

船 358

[37] 船　배
　　ふね

船員　선원
せんいん
船長　선장
せんちょう
船室　선실
せんしつ
+客船　객선
きゃくせん
風船　풍선
ふうせん
船旅　선편 여행
ふなたび
船便　선편, 배편
ふなびん

△ふね、ふな　▲せん

■+舟　배
　　ふね

辞 359

[26] 辞書　사전
　　じしょ

お世辞　겉치레말
　せじ
辞める　그만두다
やめる

△や(める)　▲じ

⇨ 辛 441　話 97　活 281

■+舌　혀
　　した

記 360

[36] 日記　일기
　　にっき

記事　기사
きじ
記者　기자
きしゃ
記号　기호
きごう
暗記する　암기하다
あんき

△しる(す)　▲き

⇨ 配 372　港 289　包 430

■自+己中心の　자기 중심의
じこちゅうしん

試 361

[24] 試験　시험
　　しけん
[46] 試合　시합
　　しあい

試運転　시운전
しうんてん
試す　시험하다
ためす

△ため(す)、こころ(みる)　▲し

⇨ 式 248

説 362

[28] 小説　소설
　　しょうせつ
[48] 説明する　설명하다
　　せつめい

△と(く)　▲せつ、ぜい

読　話　語　計　言(言 171) 언어 활동과 관계가 있음을 시사한다.
95　97　112　209

調 議 取 恥 贈

調 363

[40] 調べる　조사하다, 연구하다, 검토하다
　　しら

調子がいい　(남의 말, 행동)에 장단을 잘 맞추다,
ちょうし　　 몸의 상태가 좋다

強調する　강조하다
きょうちょう

△しら(べる)、ととの(う)、ととの(え
る)　▲ちょう

⇨ 週 53

議 364

[26] 会議　회의
　　かいぎ

議長　의장
ぎちょう
議会　의회
ぎかい
議員　의원
ぎいん
不思議な　불가사의한, 이상한
ふしぎ
▲ぎ

■⁺義務　의무
　　ぎむ

取 365

[41] 取る　잡다
　　と
[41] 取り替える　바꾸다, 교환하다, 갈다
　　と　　か

取り出す　꺼내다
と　だ
取り入れる　안에 넣다, 거두어
と　い　　들이다, 받아들이다,
　　　　　　도입하다

受け取る　수취하다, 받다
う　と
△と(る)　▲しゅ

⇨ 耳 244

恥 366

[39] 恥ずかしい　창피하다, 부끄럽다
　　は

恥　부끄러움, 수치, 치욕
はじ
△は(じる)、はじ、は(じらう)、は(ず
かしい)　▲ち

⇨ 耳 244　心 231

贈 367

[45] 贈り物　선물
　　おく もの

贈る　보내다
おく
△おく(る)　▲ぞう、そう

⇨ 増 294　員 30　買 98　貸 115　負 405
　質 450　貿 484

■⁺貝　조개, 조가비
　 かい

輸 触 踊 野 配 乾 静

輸 368
[37] 輸出する　수출하다

輸入する　수입하다
輸送する　수송하다
空輸する　공수하다 (공중 수송)
▲ゆ

触 369
[33] 触る　닿다, 손을 대다

触れる　접촉하다, 닿다
△ふ(れる)、さわ(る)　▲しょく
⇨ 角 404
■ ⁺虫 벌레

踊 370
[34] 踊る　춤추다

踊り　춤
△おど(る)、おど(り)　▲よう
⇨ 通 502

野 371
[36] 野菜　야채

分野　분야
野生の　야생의

△の　▲や
⇨ 予 229

配 372
[39] 心配する　걱정하다

配る　나눠주다
配達する　배달하다
△くば(る)　▲はい
⇨ 記 360　港 289　包 430
■ ⁺自 ⁺己 中心の　자기 중심의

乾 373
[46] 乾く　마르다, 건조하다

乾⁺燥機　건조기
△かわ(く)、かわ(かす)　▲かん

静 374
[44] 静かな　조용한

静まる　(조용히)가라앉다, 안정되다
冷静な　냉정한
静電気　정전기
△しず、しず(か)、しず(まる)、しず(める)　▲せい、じょう
⇨ 青 68
■ ⁺戦 ⁺争　전쟁

転 軽 車(車58) 차 / 운송과 관련이 있음을 시사한다. 朝
60 142   38

飯 靴 報 駐 験 乳

飯 375
[25] ご飯 (はん) 밥

夕飯 (ゆうはん) 저녁, 저녁 밥

△めし ▲はん

⇨ 返 498

■+反+対の (はん たい) 반대의

靴 376
[41] 靴 (くつ) 구두
[41] 靴下 (くつした) 양말

靴屋 (くつや) 신발 가게

△くつ ▲か

⇨ 化 255

報 377
[47] 天気予報 (てんきよほう) 일기예보

報+告する (ほう こく) 보고하다
電報 (でんぽう) 전보
+情報 (じょうほう) 정보

△むく(いる) ▲ほう

⇨ 服 183

駐 378
[26] 駐車場 (ちゅうしゃじょう) 주차장

駐+輪場 (ちゅう りんじょう) 자전거 주차장
駐車+禁止 (ちゅうしゃ きんし) 주차 금지

▲ちゅう

■+馬 (うま) 말

験 379
[24] 試験 (しけん) 시험
[28] 経験する (けいけん) 경험하다

受験する (じゅけん) 시험을 보다
+実験 (じっけん) 수험, 시험

▲けん、げん

⇨ 険 295

■+馬 (うま) 말

乳 380
[32] 牛乳 (ぎゅうにゅう) 우유

母乳 (ぼにゅう) 모유

△ちち、ち ▲にゅう

飲 館 食 (食 82) 음식 / 먹는 것과 관련이 있음을 시사한다.
83 178
駅 馬 말 / 운송과 관련이 있음을 시사한다.
56

勤 別 割 郊 都 形

勤 381
[49] 勤める　근무하다

通勤する　통근하다
つうきん
出勤する　출근하다
しゅっきん
勤務時間　근무 시간
きんむ じかん
△つと(める)、つと(まる)　▲きん、ごん

⇒ 勉 120　男 90

別 382
[36] 特別な　특별한
とくべつ
[47] 別れる　헤어지다
わか

別の　별도의
べつ
別々に　각각, 따로따로
べつべつ
△わか(れる)　▲べつ

割 383
[29] 割れる　깨지다, 갈라지다
わ

割る　나누다, 쪼개다, 깨다
わ
割引　할인
わりびき
割合　비율
わりあい
役割　역할
やくわり
△わ(る)、わり、わ(れる)、さ(く)
▲かつ

郊 384
[50] 郊外　교외
こうがい
▲こう

⇒ 校 52　交 397

都 385
[40] 都合　형편, 사정
つごう

京都　교토
きょうと
東京都　도쿄도
とうきょうと
都内　도내
とない
都会　도회
とかい
△みやこ　▲と、つ

⇒ 者 32

形 386
[28] 形　모양, 형태
かたち
[30] 人形　인형
にんぎょう

三角形　삼각형
さんかくけい
正方形　정방형 / 정사각형
せいほうけい
長方形　장방형 / 직사각형
ちょうほうけい
△かた、かたち　▲けい、ぎょう

⇒ 研 348　開 214

動　働　力 (カ 221) 힘 / 노동과 관련이 있음을 시사한다.　利　部　阝 사람들이
61　265　　　　　　　　　　　　　　　　　　　　　　　　145　210
거주하는 집 / 장소와 관련이 있음을 시사한다.

所 欲 政 散 段

所 387

㉗ 台所 だいどころ	부엌
㉛ 事務所 じむしょ	사무소
㉟ 近所 きんじょ	근처
㊻ 住所 じゅうしょ	주소
㊻ 所 ところ	장소, 곳

場所 ばしょ	장소
名所 めいしょ	명소
研究所 けんきゅうじょ	연구소
発電所 はつでんしょ	발전소
所長 しょちょう	소장
長所 ちょうしょ	장점
短所 たんしょ	단점

△ところ　▲しょ

⇨ 近 85

欲 388

| ㉖ 欲しい ほ | 탐나다, 하고 싶다 |

食欲 しょくよく	식욕
性欲 せいよく	성욕
無欲な むよく	무욕, 욕심이 없는

△ほっ(する)、ほ(しい)　▲よく

■ ⁺谷 たに　산골짜기, 골짜기 모양을 이룬 것

■ ⁺欠席 けっせき する　결석하다

政 389

| ㊷ 政治 せいじ | 정치 |

政治家 せいじか	정치가
政⁺府 せいふ	정부
行政 ぎょうせい	행정

△まつりごと　▲せい、しょう

散 390

| ㊳ 散歩 さんぽ | 산책 |

△ち(る)、ち(らす)、ち(らかす)、ち(らかる)　▲さん

段 391

| ㊿ 階段 かいだん | 계단 |

段 だん	층계, 차례, 조각, 구분, 수단, 등급
石段 いしだん	석단, 돌층계
手段 しゅだん	수단
⁺値段 ねだん	가격
段階 だんかい	단계

▲だん

新 66　飲 83　歌 216　次 253　吹 309　教 118　枚 328　放 338　役 268　投 315

難 頼 頭 顔 文

難 392
[38] 難しい　　어렵다
　　むずか

困難　　　곤란
こんなん
難病　　　난병
なんびょう
難点　　　난점
なんてん
△かた(い)、むずか(しい)　▲なん
⇨ 集 467　曜 166　濯 291　漢 174

頼 393
[37] 頼む　　부탁하다
　　たの

頼る　　　의지하다, 기대다
たよ
△たの(む)、たよ(る)、たの(もしい)
▲らい
⇨ 題 510

頭 394
[44] 頭　　　머리
　　あたま

頭痛　　　두통
ずつう
△あたま、かしら、▲とう、ず、と
⇨ 短 139　題 510

■⁺豆　　　콩
　まめ

顔 395
[44] 顔　　　얼굴
　　かお

顔色　　　안색
かおいろ
笑顔　　　웃는 얼굴
えがお
△かお　▲がん
⇨ 題 510

文 396
[31] 作文　　작문
　　さくぶん
[41] 文法　　문법
　　ぶんぽう
[42] 文化　　문화
　　ぶんか
[47] 文学　　문학
　　ぶんがく

文　　　　문장
ぶん
文体　　　문체
ぶんたい
文明　　　문명
ぶんめい
人文科学　인문 과학
じんぶん かがく
文字　　　글자, 문자
もじ
△ふみ　▲ぶん、もん

六　高　立　京　夜　方
16　62　125　159　160　176

交 卒 合 全 直 色

交 397

[33] 交通（こうつう） 교통

外交（がいこう） 외교
国交（こっこう） 국교
交番（こうばん） 경찰서

△まじ(わる)、まじ(える)、ま(じる)、
ま(ざる)、ま(ぜる)、か(う)、か(わす)

▲こう

⇨ 校 52 郊 384

卒 398

[31] 卒業する（そつぎょう） 졸업하다

卒業生（そつぎょうせい） 졸업생
卒業式（そつぎょうしき） 졸업식

▲そつ

合 399

[40] 合う（あ） 맞다
[40] 間に合う（ま あ） 시간에 맞다, 대다
[40] 都合（つごう） 형편, 사정
[45] 場合（ばあい） 경우
[46] 具合（ぐあい） 형편, 상태
[46] 試合（しあい） 시합

△あ(う)、あ(わす)、あ(わせる)

▲ごう、がっ、かっ

全 400

[29] 全部（ぜんぶ） 전부
[44] 安全な（あんぜん） 안전한

△まった(く) ▲ぜん

直 401

[32] 直す（なお） 고치다, 정정하다
[32] 直る（なお） 고쳐지다, 낫다, 바로잡히다

見直す（みなお） 다시보다
直通電話（ちょくつうでんわ） 직통 전화
正直な（しょうじき） 정직한
直角（ちょっかく） 직각

△ただ(ちに)、なお(す)、なお(る)

▲ちょく、じき

⇨ 十 20 置 439

色 402

[27] 景色（けしき） 경치
[28] 色（いろ） 색깔, 색

茶色（ちゃいろ） 갈색
特色（とくしょく） 특색

△いろ ▲しょく、しき

危 角 負 急 苦

危 403
[40] 危ない　　위험하다
　　あぶ
[40] 危険な　　위험한
　　きけん

危機　　　위기
きき
石+油危機　석유 위기
せきゆきき
△あぶ(ない)、あや(うい)、あや(ぶむ)
▲き

角 404
[33] 角　　　　모서리/모퉁이 cf. 隅 296
　　かど　　　　　　　　　　　 すみ
　　　　　　　(角는 외부의 귀퉁이를
　　　　　　　 かど
　　　　　　　나타내고, 隅는 내부의
　　　　　　　　　　　すみ
　　　　　　　모퉁이를 나타낸다.)

角度　　　각도
かくど
直角　　　직각
ちょっかく
三角形　　삼각형
さんかくけい
方角　　　방위, 방향
ほうがく
△かど、つの　▲かく

⇨ 触 369

負 405
[32] 負ける　　지다 cf. 勝つ 이기다
　　ま　　　　　　　　か

勝負　　　승부
しょうぶ
△ま(ける)、ま(かす)、お(う)　▲ふ

⇨ 員 30　買 98　貸 115　質 450　貿 484

■ +貝　　조개, 조가비
　　かい

急 406
[25] 急ぐ　　　서두르다
　　いそ
[25] 急行　　　급행
　　きゅうこう
[25] 特急　　　특급
　　とっきゅう
[45] 急に　　　갑자기
　　きゅう
△いそ(ぐ)　▲きゅう

苦 407
[34] 苦い　　　쓰다
　　にが

苦しい　　괴롭다, 고통스럽다
くる
苦しむ　　괴로워하다, 고생하다
くる
苦心する　고심하다
くしん
重苦しい　답답하다, 짓눌리는 것같
おもくる　이 괴롭다

△くる(しい)、くる(しむ)、くる(しめる)、にが(い)、にが(る)　▲く

⇨ 古 67

若 荷 菓 菜 葉 夢 落

若 408
[36] 若い 젊다
わか

若々しい 아주 젊다, 젊디 젊다
わかわか
若者 젊은이
わかもの
△わか(い)、も(しくは) ▲じゃく、にゃく
⇨ 右 87

荷 409
[33] 荷物 짐
にもつ

重荷 무거운 짐
おもに
△に ▲か
⇨ 何 49

菓 410
[41] お菓子 과자
かし
▲か
⇨ 果 247

菜 411
[36] 野菜 야채
やさい

菜食主+義 채식 주의
さいしょくしゅぎ
菜園 채원, 채소밭
さいえん
山菜 산채, 산나물
さんさい
△な ▲さい

⇨ 木 5

葉 412
[35] 葉 잎
は

落ち葉 낙엽
おちば
言葉 말, 언어
ことば
葉書 엽서
はがき
△は ▲よう
⇨ 世 237 木 5

夢 413
[27] 夢 꿈
ゆめ

△ゆめ ▲む
⇨ 夕 222

落 414
[29] 落とす 떨어뜨리다
お
[43] 落ちる 떨어지다
お

落とし物 분실물, 빠뜨린 물건, 유실물
おもの
落ち着く 자리잡다, 가라앉다
おつ
△お(ちる)、お(とす) ▲らく

薄 薬 号 品 寺 走 声

薄 415
[42] 薄い / うす 얇다, 정도/밀도가 적다

薄める / うす 엷게 하다, 묽게 하다
薄暗い / うすぐら 좀 어둡다, 어둑어둑하다, 침침하다

△うす(い)、うす(める)、うす(まる)、うす(らぐ)、うす(れる)　▲はく

薬 416
[46] 薬 / くすり 약

薬屋 / くすりや 약국
薬学 / やくがく 약학

△くすり　▲やく

⇨ 楽 186

号 417
[34] 番号 / ばんごう 번호

電話番号 / でんわばんごう 전화 번호
+郵便番号 / ゆうびんばんごう 우편 번호
今週号 / こんしゅうごう 이번 호
先週号 / せんしゅうごう 지난 호

▲ごう

⇨ 口 163

品 418
[28] 品物 / しなもの 물건

部品 / ぶひん 부품
品質 / ひんしつ 품질
上品な / じょうひん 고상한, 품위 있는
下品な / げひん 인품이 천한, 품위가 없는, 상스러운

△しな　▲ひん

⇨ 口 163

寺 419
[37] 寺 / てら 절

△てら　▲じ

⇨ 土 7

■ +寸 / ずん 촌, 치(단위)

走 420
[27] 走る / はし 달리다

△はし(る)　▲そう

⇨ 土 7　足 165

声 421
[27] 声 / こえ 목소리

大声で / おおごえ 큰 소리로

△こえ、こわ　▲せい、しょう

岸 宅 定 究 空

岸 422

- ③⑧海岸 （かいがん） 해안

- 西海岸 （にしかいがん） 서해안
- 東海岸 （ひがしかいがん） 동해안
- 岸 （きし） 물가, 벼랑
- △きし ▲がん

宅 423

- ⑤⓪お宅 （たく） 댁

- 住宅 （じゅうたく） 주택
- 住宅地 （じゅうたくち） 주택지
- 自宅 （じたく） 자택
- 帰宅する （きたく） 귀가하다
- 宅配便 （たくはいびん） 택배편
- ▲たく

定 424

- ③⓪予定 （よてい） 예정

- 安定した （あんてい） 안정했다
- 不安定な （ふあんてい） 불안정한
- 定食 （ていしょく） 정식
- 定年 （ていねん） 정년
- 定休日 （ていきゅうび） 정기 휴일
- △さだ(める)、さだ(まる)、さだ(か)
- ▲てい、じょう

究 425

- ②④研究する （けんきゅう） 연구하다
- ③⑧研究室 （けんきゅうしつ） 연구실

- 研究所 （けんきゅうじょ） 연구소
- △きわ(める) ▲きゅう
- ⇨ 八 18 九 19

空 426

- ③①空港 （くうこう） 공항
- ③②空 （そら） 하늘
- ④④空気 （くうき） 공기

- 青空 （あおぞら） 푸른 하늘 ← 서체?
- 星空 （ほしぞら） 별이 총총한 하늘
- 大空 （おおぞら） 대공, 넓은 하늘
- 空間 （くうかん） 공간
- 空中 （くうちゅう） 공중
- △そら、あ(く)、あ(ける)、から
- ▲くう
- ⇨ 八 18 工 224

安 63　寝 169　字 175　家 200　室 212　窓 213

寄 宿 寒 包 歯 歳 易

寄 427
[49] 寄る　　　들르다
よ

近寄る　　접근하다, 가까이 가다,
ちかよ　　친근히 하다
立ち寄る　다가서다, 들르다
たちよ
寄付　　　기부
きふ
寄付金　　기부금
きふきん

△よ(る)、よ(せる)　▲き

宿 428
[41] 宿題　　　숙제
しゅくだい

△やど、やど(る)、やど(す)　▲しゅく

⇨ 百 21

寒 429
[43] 寒い　　　춥다
さむ

△さむ(い)　▲かん

包 430
[42] 包む　　　싸다, 포장하다
つつ

包み紙　　포장지
つつがみ
小包　　　소포
こづつみ

△つつ(む)　▲ほう

⇨ 配 372　記 360　港 289

■ +抱く　안다, 마음 속에 품다
　だ

歯 431
[36] 歯　　　　이
は
[36] 歯医者　　치과 의사
はいしゃ

歯科　　　치과
しか
+虫歯　　　충치
むしば

△は　▲し

⇨ 止 126　米 233

歳 432
[47] ～歳　　　～세, ～살
さい

歳入　　　세입
さいにゅう
歳出　　　세출
さいしゅつ
二十歳　　스무살
はたち

▲さい、せい

⇨ 止 126

易 433
[38] 易しい　　쉽다, 간단하다
やさ
[49] 貿易　　　무역
ぼうえき

△やさ(しい)　▲えき、い

⇨ 物 84

注　湯 290　場 292

歩　早
123　143

星 景 最 暑 具

星 434

[32] 星(ほし) 별

星空(ほしぞら) 별이 총총한 하늘
火星(かせい) 화성
水星(すいせい) 수성
金星(きんせい) 금성
木星(もくせい) 목성
土星(どせい) 토성

△ほし ▲せい、しょう

⇨ 生 26

景 435

[27] 景色(けしき) 경치

景気(けいき) 경기
不景気(ふけいき) 불경기
不景気(ふけいき)な 불경기인
風景(ふうけい) 풍경

▲けい

⇨ 京 159

最 436

[32] 最近(さいきん) 최근
[50] 最初(さいしょ)に 처음에
[50] 最後(さいご)に 마지막으로

最高(さいこう)の 최고의
最低(さいてい)の 최저의
最悪(さいあく)の 최악의
最+良(さいりょう)の 최량의, 최선의

△もっと(も) ▲さい

⇨ 取 365

暑 437

[43] 暑(あつ)い 덥다

△あつ(い) ▲しょ

⇨ 者 32 都 385

具 438

[27] 道具(どうぐ) 도구
[46] 具合(ぐあい) 형편, 상태

家具(かぐ) 가구
具体(ぐたい)+的(てき)な 구체적인

▲ぐ

⇨ 目 164

[注] +貝 조개, 조가비

置 界 辛 産 覚 受

置 439

[30] 置く　　놓다

置物　　장식 (벽의 옴폭 들어간
おきもの　　곳 / 입구 / 등의 장식을
　　　　　위해 놓는 물건)

物置　　헛간, 곳간, 광
ものおき

△お(く)　▲ち

⇨ 直 401

界 440

[25] 世界　　세계
せかい

▲かい

⇨ 田 10

辛 441

[34] 辛い　　맵다
から

塩辛い　　짜다
しおから

辛口の　　매운 맛을 좋아하는,
からくち　　맛이 달콤하지 않고
　　　　쌉쌀함

△から(い)　▲しん

⇨ 立 125 辞 359

産 442

[41] お土産　　토산품
みやげ

産業　　산업
さんぎょう

水産業　　수산업
すいさんぎょう

生産　　생산
せいさん

生産物　　생산물
せいさんぶつ

産地　　산지
さんち

不動産　　부동산
ふどうさん

△う(む)、う(まれる)、うぶ　▲さん

⇨ 立 125 生 26

覚 443

[45] 覚える　　기억하다, 외우다
おぼ

覚えている　기억하고 있다,
おぼ　　　　　외우고 있다

△おぼ(える)、さ(ます)、さ(める)

▲かく

⇨ 見 96

受 444

[31] 受ける　　받다, 이어받다,
う　　　　　받아들이다, 당하다

[33] 受付　　접수, 접수처
うけつけ

受け取る　수취하다, 받다
う　と

引き受ける　떠맡다, 인수하다
ひ　う

受験する　시험을 보다
じゅけん

△う(ける)、う(かる)　▲じゅ

買 98　男 90　思 168　音 185　意 217　学 25

業 笑 答 符 箱 質 発

業 445
[31] 卒業する 졸업하다
そつぎょう

+授業　　수업
じゅぎょう
事業　　사업
じぎょう
産業　　산업
さんぎょう
工業　　공업
こうぎょう
△わざ　▲ぎょう、ごう

笑 446
[44] 笑う　　웃다
わら

笑い　　웃음
わら
△わら(う)、え(む)　▲しょう

■+竹 대나무
　たけ

答 447
[24] 答え　　대답
こた
[39] 答える　대답하다
こた

回答　　회답
かいとう
△こた(える)、こた(え)　▲とう

■+竹 대나무
　たけ

符 448
[43] 切符　　표
きっぷ

音符　　음표
おんぷ

▲ふ

■+竹 대나무
　たけ

箱 449
[30] 箱　　　상자
はこ

本箱　　책장
ほんばこ
△はこ

■+竹 대나무
　たけ

質 450
[34] 質問する 질문하다
しつもん

質　　　질
しつ
品質　　품질
ひんしつ
本質　　본질
ほんしつ
▲しつ、しち、ち

⇨員 30　買 98　貸 115　負 405　貿 484

■+貝 조개, 조가비
　かい

発 451
[40] 出発する 출발하다
しゅっぱつ
[41] 発音　　발음
はつおん

発明する 발명하다
はつめい
発見する 발견하다
はっけん
発行する 발행하다
はっこう
▲はつ、ほつ

登 雪 震 無 舞 勢 石 召

登 452
[32] 登る　오르다

登山　등산
のぼ
登校する　등교하다
とうこう
△のぼ(る)　▲とう、と

雪 453
[32] 雪　눈
ゆき

大雪　대설, 큰눈
おおゆき
初雪　첫 눈
はつゆき
△ゆき　▲せつ

震 454
[39] 地震　지진
じしん

震動　진동
しんどう
震度　진도
しんど
△ふる(う)、ふる(える)　▲しん

無 455
[38] 無理な　무리한
むり

無名の　무명의
むめい
無地の　무지의(전체가 한 빛깔로
むじ　무늬가 없음)
無料の　무료의
むりょう

無口な　말수가 적은, 과묵한
むくち
無事に　무사히
ぶじ
△な(い)　▲む、ぶ

⇨ 黒 71　魚 81　点 474　熱 475

舞 456
[41] お見舞い　병문안
みま
△ま(う)、まい　▲ぶ

勢 457
[39] 大勢　많은 사람, 여럿
おおぜい
△いきお(い)　▲せい

⇨ 熱 475　力 221

石 458
[42] 石　돌
いし

小石　작은 돌
こいし
△いし　▲せき、しゃく、こく

⇨ 研 348

召 459
[49] 召し上がる　드시다
めあ
△め(す)　▲しょう

■ ⁺刀　칼
かたな

電 ⁽雨 127⁾ 비와 관련이 있음을 시사한다.　男 古 右 名
57　　　　　　　　　　　　　　　　　　　90 67 87 150

台 君 妻 要 変 髪

台 460

24	～台 (だい)	～대
27	台所 (だいどころ)	부엌
39	台風 (たいふう)	태풍

台 (だい)　　대
台本 (だいほん)　　대본
▲だい、たい

君 461

| 48 | 君 (きみ) | 자네, 너 |
| 48 | ～君 (くん) | ～군(통상 상사에 의해 사용되는 사람의 이름 뒤에 오는 접미사) |

△きみ　▲くん

妻 462

| 29 | 妻 (つま) | 아내 |

△つま　▲さい

要 463

| 40 | 要る (い) | 필요하다 |
| 40 | 必要な (ひつよう) | 필요한 |

重要な (じゅうよう)　　중요한
主要な (しゅよう)　　주요
要点 (ようてん)　　요점
要約 (ようやく)　　요약

△い(る)　▲よう

変 464

35	変える (か)	바꾸다, 변경시키다, (장소) 옮기다
35	変わる (か)	바뀌다, 변하다
38	大変な (たいへん)	대단히, 매우
43	変な (へん)	이상한

変化する (へんか)　　변화하다
+不変の (ふへん)　　불변의
△か(える)、か(わる)　▲へん
⇨冬 191

髪 465

| 44 | 髪 (かみ) | 머리 |

△かみ　▲はつ
⇨友 101

柔 集 昔 普 替 忘 念

柔 466
26 柔道　유도
　じゅうどう

柔らかい　부드럽다
やわ
△やわ(らか)、やわ(らかい)
▲じゅう、にゅう
⇨務 349

集 467
24 集める　모으다, 집중시키다
　あつ
47 集まる　모이다
　あつ

集中する　집중하다
しゅうちゅう
△あつ(まる)、あつ(める)、つど(う)
▲じゅう
⇨難 392　曜 166　濯 291

昔 468
27 昔　옛날
　むかし

大昔　아주 오랜 옛날
おおむかし
昔話　옛날 이야기
むかしばなし
△むかし　▲せき、しゃく

普 469
31 普通　보통
　ふつう

普段着　평상복
ふだんぎ

▲ふ
⇨並 245

替 470
41 取り替える　바꾸다, 교환하다, 갈다
　と　か

替える　바꾸다, 교환하다
か
着替え　옷을 갈아 입음,
きが　　　갈아 입을 옷
着替える　갈아 입다
きが
△か(える)、か(わる)　▲たい

忘 471
29 忘れ物　물건을 깜박 잊고 옴,
　わす もの　또 그 잊은 물건
29 忘れる　잊어버리다
　わす

忘年会　망년회
ぼうねんかい
△わす(れる)　▲ぼう
⇨亡 235

念 472
45 残念な　유감스러운
　ざんねん
▲ねん
⇨今 37　急 406

楽　薬　者　書　音　春　悪　思　窓　意　· 心 (心 231) 마음 / 정신 활동과
186 416 32 93 185　188　140 168 213 217
관련이 있음을 시사한다.

息 点 熱 皆 番 留 育

息 473
[48] 息子(さん)　아들

息　　숨
△いき　▲そく

⇨ 自 59　急 406

点 474
[45] 点　　점

出発点　출발점
△てん

熱 475
[28] 熱　　열
[28] 熱心な　열심인
[35] 熱い　뜨겁다, 열렬하다

熱湯　열탕, 뜨거운 물
△あつ(い)　▲ねつ

⇨ 勢 457

皆 476
[45] 皆さん　여러분
△みな　▲かい

⇨ 白 69　百 21　階 297

番 477
[34] ～番　　번
[34] 番号　　번호

電話番号　전화 번호
+郵便番号　우편 번호
留+守番電話　자동 응답 전화
▲ばん

⇨ 田 10　料 161　奥 205　歯 431　米 233

留 478
[48] 留学生　유학생

留学する　유학하다
留+守番電話　자동 응답 전화
△と(める)、と(まる)　▲りゅう、る

⇨ 田 10　貿 484

育 479
[38] 育てる　키우다
[42] 教育　교육
△そだ(つ)、そだ(てる)　▲いく

⇨ 服 183　朝 38

黒 71　無 455　習 119　青 68

祭 表 製 袋 貿 灰 厚 席

祭 480
[47] お祭り　축제
　まつ
　△まつ(る)、まつ(り)　▲さい
　⇨ 際 298

表 481
[40] 表　표면, 겉
　おもて

表　표
ひょう
表紙　표지
ひょうし
発表する　발표하다
はっぴょう
　△おもて、あらわ(す)、あらわ(れる)
　▲ひょう
　⇨ 青 68

製 482
[38] ～製　～제
　せい

日本製　일본제
にほんせい
製品　제품
せいひん
　▲せい

袋 483
[41] 手袋　장갑
　てぶくろ

袋　봉투, 봉지
ふくろ
紙袋　종이 가방
かみぶくろ
　△ふくろ　▲たい

貿 484
[49] 貿易　무역
　ぼうえき
　▲ぼう
　■+貝　조개, 조가비
　　かい

灰 485
[49] 灰皿　재떨이
　はいざら

灰　재
はい
火山灰　화산재
かざんばい
灰色　회색
はいいろ
　△はい　▲かい

厚 486
[42] 厚い　두껍다
　あつ

厚かましい　뻔뻔스럽다
あつ
　△あつ(い)　▲こう

席 487
[33] 席　자리
　せき
[46] 出席する　출석하다
　しゅっせき

+欠席する　결석하다
　けっせき
　▲せき

員 買 貸 負 質　店 広 度
30 98 115 405 450　110 135 182

座 庭 磨 存 届 戻 疲

座 488
[27] 座る　　　앉다
　　すわ

口座　　　계좌
こうざ
△すわ(る)　▲ざ

庭 489
[47] 庭　　　정원
　　にわ

家庭　　　가정
かてい
校庭　　　교정
こうてい
日本庭園　일본 정원
にほんていえん
△にわ　▲てい

磨 490
[34] 磨く　　　닦다, 갈고 닦다, 연마하다
　　みが

歯磨き　　이를 닦다
はみが
△みが(く)　▲ま
⇨ 石 458
■ +林 金
　　はやし

存 491
[49] ご存じ　　알고 계심
　　ぞん
▲そん、ぞん
⇨ 子 76

届 492
[48] 届ける　　보내어 주다, 신고하다
　　とど

届く　　　(보낸 것이)닿다,
とど　　　(도)달하다, 미치다
+欠席届　　결석 신고, 결석계
けっせきとどけ
+欠勤届　　결근계
けっきんとどけ
△とど(ける)、とど(く)
⇨ 由 239

戻 493
[32] 戻る　　　되돌아가(오)다
　　もど

戻す　　　되돌리다, 토하다
もど
△もど(す)、もど(る)　▲れい

疲 494
[49] 疲れる　　피곤하다
　　つか

疲れ　　　피로
つか
△つか(れる)、つか(らす)　▲ひ
⇨ 彼 269

昼 屋 病　疒병 / 질병 / 부상과 관련이 있음을 시사한다.
39　211　195

痛 込 辺 返 迎 速

痛 495

[44] 痛い / いた / 아프다, 쓰리다, 뼈아프다

痛み / いた / 통증
痛む / いた / 아프다, 상하다
痛ましい / いた / 애처롭다, 가엾다, 참혹하다
頭痛 / ずつう / 두통

△ いた(い)、いた(む)、いた(める)
▲ つう

込 496

[40] 込む / こ / 혼잡하다, 붐비다, 복잡거리다

飛び込む / と こ / 뛰어들(어가)다
申し込む / もう こ / 신청하다
申し込み / もう こ / 신청
払い込む / はら こ / 불입하다, 돈을 붓다

△ こ(む)、こ(める)
⇨ 入 128

辺 497

[29] ~辺 / へん / ~근처 / ~근방

海辺 / うみべ / 해변

△ あた(り)、べ ▲ へん

■ ⁺刀 / かたな / 칼

返 498

[40] 返す / かえ / (되)돌리다, 돌려 주다
[40] 返事 / へんじ / 대답, 답장

送り返す / おく かえ / 돌려 보내다

△ かえ(す)、かえ(る) ▲ へん
⇨ 飯 375

■ ⁺反⁺対の / はん たい / 반대의

迎 499

[43] 迎える / むか / 맞이하다

迎えに行く / むか い / 마중가다, 맞이하러 가다

△ むか(える) ▲ げい
注 卵 251

速 500

[45] 速い / はや / 빠르다

△ はや(い)、はや(める)、すみ(やか)
▲ そく

■ ⁺束 / たば / 다발, 뭉치

週 近 達 送 道 運 辶 거리와 관련이 있음을 시사한다.
53 85 102 113 192 198

途 通 連 過 遅

途 501
[39] 途中で　도중에

開発途上国　개발 도상국
かいはつとじょうこく
▲と

■+余る　남다
注　金6

通 502
[28] 通う　다니다
[31] 普通　보통
[33] 交通　교통
[39] 通る　지나다, 통하다

通り　길
通学する　통학하다
通勤する　통근하다
一方通行　일방 통행
△とお(る)、とお(す)、かよ(う)
▲つう、つ

連 503
[31] 連れて～　데리고~
[45] 連絡する　연락하다
△つら(なる)、つら(ねる)、つ(れる)
▲れん
⇨車58

過 504
[36] 過ぎる　지나다, 통과하다, 넘다

通り過ぎる　지나쳐 가다, 통과하다
飲み過ぎ　과음
食べ過ぎ　과식
過去　과거
△す(ぎる)、す(ごす)、あやま(つ)、あやま(ち)　▲か

遅 505
[26] 遅れる　늦다
[45] 遅い　늦다, 느리다, 더디다

遅らす　늦추다
遅刻する　지각하다
△おく(れる)、おく(らす)、おそ(い)
▲ち
⇨洋283
■+羊　양

遠 違 選 遊 題 困 回

遠 506
26 遠い　　　멀다
　とお
　△とお(い)　▲えん、おん

⇨ 園 513

違 507
36 違う　　　다르다, 틀리다
　ちが

違い　　　차이, 다른 점
ちが
間違い　　틀림, 잘못, 실수
ま ちが
間違って　잘못되어
ま ちが
間違える　잘못하다, 틀리다,
ま ちが　　실수하다

△ちが(う)、ちが(える)　▲い

選 508
28 選ぶ　　　고르다, 뽑다
　えら

選+挙　　　선거
せん きょ
△えら(ぶ)　▲せん

遊 509
48 遊ぶ　　　놀다
　あそ

遊園地　　유원지
ゆうえんち
遊歩道　　산책길
ゆう ほ どう
△あそ(ぶ)　▲ゆう、ゆ

⇨ 方 176　子 76

題 510
24 問題　　　문제
　もんだい
41 宿題　　　숙제
　しゅくだい

話題　　　화제
わ だい
題名　　　제목
だいめい
▲だい

⇨ 頭 394　顔 395

困 511
39 困る　　　곤란하다
　こま
△こま(る)　▲こん

回 512
27 ～回　　　번
　かい

前回　　　전회, 전번
ぜんかい
今回　　　금회, 이번 회
こんかい
次回　　　차회, 다음번
じ かい
回答　　　회답
かいとう
回る　　　돌다, 들르다
まわ
回り道　　길을 돌아서 감,
まわ みち　또, 그 길

△まわ(る)、まわ(す)　▲かい、え

国 35　図 177

園 風 向 問 島 鳥

園 513
[31] 動物園 (どうぶつえん) 동물원

+公園 (こうえん) 공원
遊園地 (ゆうえんち) 유원지
日本庭園 (にほんていえん) 일본 정원

△その ▲えん

⇨ 遠 506

風 514
[32] 風 (かぜ) 바람
[39] 台風 (たいふう) 태풍

風景 (ふうけい) 풍경
風+邪 (かぜ) 감기
風力発電 (ふうりょくはつでん) 풍력 발전

△かぜ、かざ ▲ふう、ふ

向 515
[35] 向こう (む) 저쪽, 맞은편, 행선지, 상대방

方向 (ほうこう) 방향

△む(く)、む(ける)、む(かう)、む(こう)

▲こう

問 516
[24] 問題 (もんだい) 문제
[34] 質問する (しつもん) 질문하다

△と(う)、と(い)、とん ▲もん

■+門 (もん) 문

島 517
[35] 島 (しま) 섬

島国 (しまぐに) 섬 나라
無人島 (むじんとう) 무인도
半島 (はんとう) 반도

△しま ▲とう

鳥 518
[27] 鳥 (とり) 새

小鳥 (ことり) 작은 새
白鳥 (はくちょう) 백조

△とり ▲ちょう

間 聞 開 閉　門 문과 관련이 있음을 시사한다.
86　94　214　215

학습 한자어 색인

	단원번호	한자번호
合う _あ	40	合 399

[あ]

合う _あ	40	合 399	
赤ちゃん _{あか}	38	赤 70	
上がる _あ	43	上 72	
開く _あ	29	開 214	
味 _{あじ}	28	味 218	
遊ぶ _{あそ}	48	遊 509	
暖かい _{あたた}	43	暖 342	
頭 _{あたま}	44	頭 394	
熱い _{あつ}	35	熱 475	
厚い _{あつ}	42	厚 486	
暑い _{あつ}	43	暑 437	
集まる _{あつ}	47	集 467	
集める _{あつ}	24	集 467	
危ない _{あぶ}	40	危 403	
甘い _{あま}	34	甘 225	
洗う _{あら}	46	洗 284	
安心する _{あんしん}	39	安 63	心 231
安全な _{あんぜん}	44	安 63	全 400

[い]

～以下 _{いか}	40	以 234	下 73
医学 _{いがく}	47	医 31	学 25
意見 _{いけん}	23	意 217	見 96
石 _{いし}	42	石 458	
～以上 _{いじょう}	40	以 234	上 72
忙しい _{いそが}	48	忙 299	
急ぐ _{いそ}	25	急 406	
痛い _{いた}	44	痛 495	
～以内 _{いない}	33	以 234	内 201
入口 _{いりぐち}	33	入 128	口 163
要る _い	40	要 463	
色 _{いろ}	28	色 402	

[う]

伺う _{うかが}	50	伺 259	
受付 _{うけつけ}	33	受 444	付 256
受ける _う	31	受 444	
薄い _{うす}	42	薄 415	
打つ _う	36	打 314	
売り場 _{うりば}	25	売 130	場 292
運動する _{うんどう}	32	運 198	動 61

[え]

絵 _え	26	絵 354
枝 _{えだ}	38	枝 329
選ぶ _{えら}	28	選 508

[お]

お祝い _{いわ}	41	祝 335	
大きな _{おお}	38	大 64	
大勢 _{おおぜい}	39	大 64	勢 457
お菓子 _{かし}	41	菓 410	子 76
置く _お	30	置 439	

億 おく	46	億 266			会議 かいぎ	26	会 28	議 364
屋上 おくじょう	35	屋 211	上 72		会場 かいじょう	49	会 28	場 292
贈り物 おくりもの	45	贈 367	物 84		階段 かいだん	50	階 297	段 391
遅れる おくれる	26	遅 505			会話 かいわ	28	会 28	話 97
お子さん おこさん	30	子 76			返す かえす	40	返 498	
起こす おこす	37	起 99			帰り(に) かえり	49	帰 100	
行う おこなう	37	行 50			変える かえる	35	変 464	
お皿 おさら	30	皿 240			顔 かお	44	顔 395	
押し入れ おしいれ	44	押 316	入 128		科学 かがく	47	科 346	学 25
押す おす	44	押 316			掛ける かける	30	掛 321	
遅い おそい	45	遅 505			火事 かじ	39	火 3	事 154
お宅 おたく	50	宅 423			風 かぜ	32	風 514	
落ちる おちる	43	落 414			形 かたち	28	形 386	
お手洗い おてあらい	46	手 77	洗 284		片づける かたづける	30	片 228	
落とす おとす	29	落 414			勝つ かつ	32	勝 343	
踊る おどる	34	踊 370			角 かど	33	角 404	
覚える おぼえる	45	覚 443			必ず かならず	36	必 232	
お祭り おまつり	47	祭 480			彼女 かのじょ	46	彼 269	女 91
お見舞い おみまい	41	見 96	舞 456		髪 かみ	44	髪 465	
お土産 おみやげ	41	土 7	産 442		通う かよう	28	通 502	
思い出す おもいだす	23	思 168	出 129		辛い からい	34	辛 441	
表 おもて	40	表 481			彼 かれ	46	彼 269	
泳ぐ およぐ	27	泳 277			～側 がわ	29	側 263	
終わり おわり	23	終 170			乾く かわく	46	乾 373	
					変わる かわる	35	変 464	

[か]

[き]

～家 か	42	家 200						
～回 かい	27	回 512			気 き	23	気 147	
～会 かい	40	会 28			消える きえる	29	消 285	
～階 かい/がい	49	階 297			機会 きかい	35	機 333	会 28
海岸 かいがん	38	海 208	岸 422		機械 きかい	37	機 333	械 334

危険な（きけん）	40	危403 険295		研究室（けんきゅうしつ）	38	研348 究425 室212
聞こえる（き）	27	聞94		研究する（けんきゅう）	24	研348 究425
汚い（きたな）	39	汚273				
喫茶店（きっさてん）	29	喫312 茶103 店110		[こ]		
切符（きっぷ）	43	切114 符448		～個（こ）	40	個262
気分（きぶん）	26	気147 分42		郊外（こうがい）	50	郊384 外89
君（きみ）	48	君461		工場（こうじょう）	36	工224 場292
決める（き）	40	決274		交通（こうつう）	33	交397 通502
気持ち（きも）	36	気147 持187		声（こえ）	27	声421
急行（きゅうこう）	25	急406 行50		国際（こくさい）	42	国35 際298
急に（きゅう）	45	急406		心（こころ）	50	心231
牛乳（ぎゅうにゅう）	32	牛227 乳380		ご存じ（ぞん）	49	存491
教育（きょういく）	42	教118 育479		答え（こた）	24	答447
教会（きょうかい）	31	教118 会28		答える（こた）	39	答447
近所（きんじょ）	35	近85 所387		ご飯（はん）	25	飯375
				細かい（こま）	44	細351
[く]				困る（こま）	39	困511
具合（ぐあい）	46	具438 合399		込む（こ）	40	込496
空気（くうき）	44	空426 気147		米（こめ）	37	米233
空港（くうこう）	31	空426 港289		怖い（こわ）	47	怖301
薬（くすり）	46	薬416		今度（こんど）	26	今37 度182
果物（くだもの）	41	果247 物84		今夜（こんや）	32	今37 夜160
靴（くつ）	41	靴376				
靴下（くつした）	41	靴376 下73		[さ]		
～君（くん）	48	君461		～歳（さい）	47	歳432
				最近（さいきん）	32	最436 近85
[け]				最後に（さいご）	50	最436 後46
経験する（けいけん）	28	経352 験379		最初に（さいしょ）	50	最436 初347
経済（けいざい）	42	経352 済287		下がる（さ）	43	下73
景色（けしき）	27	景435 色402		先に（さき）	34	先27
消す（け）	37	消285		咲く（さ）	43	咲311

作文 さくぶん	31	作132	文396
〜冊 さつ	38	冊242	
〜様 さま	49	様330	
寒い さむ	43	寒429	
再来月 さらいげつ	50	来51	月2
触る さわ	33	触369	
残念な ざんねん	45	残339	念472
散歩する さんぽ	38	散390	歩123

[し]

字 じ	23	字175	
試合 しあい	46	試361	合399
塩 しお	34	塩293	
〜式 しき	31	式248	
試験 しけん	24	試361	験379
辞書 じしょ	26	辞359	書93
地震 じしん	39	地151	震454
静かな しず	44	静374	
質問する しつもん	34	質450	問516
品物 しなもの	28	品418	物84
死ぬ し	39	死340	
島 しま	35	島517	
閉まる し	29	閉215	
事務所 じむしょ	31	事154	務349 所387
社会 しゃかい	42	社29	会28
社長 しゃちょう	23	社29	長138
習慣 しゅうかん	28	習119	慣302
住所 じゅうしょ	46	住181	所387
柔道 じゅうどう	26	柔466	道192
自由に じゆう	48	自59	由239
十分な じゅうぶん	32	十20	分42

宿題 しゅくだい	41	宿428	題510
出席する しゅっせき	46	出129	席487
出発する しゅっぱつ	40	出129	発451
正月 しょうがつ	25	正236	月2
小説 しょうせつ	28	小65	説362
招待する しょうたい	37	招318	待124
将来 しょうらい	28	将303	来51
食事する しょくじ	23	食82	事154
女性 じょせい	47	女91	性300
知らせる し	30	知172	
調べる しら	40	調363	
人口 じんこう	47	人36	口163
神社 じんじゃ	29	神336	社29
心配する しんぱい	39	心231	配372
新聞社 しんぶんしゃ	26	新66	聞94 社29

[す]

水泳 すいえい	36	水4	泳277
水道 すいどう	32	水4	道192
吸う す	33	吸308	
過ぎる す	36	過504	
涼しい すず	43	涼286	
捨てる す	35	捨320	
隅 すみ	30	隅296	
住む す	23	住181	
座る すわ	27	座488	

[せ]

〜製 せい	38	製482	
生活 せいかつ	35	生26	活281
政治 せいじ	42	政389	治280

生徒 せいと	48	生 26	徒 270
世界 せかい	25	世 237	界 440
席 せき	33	席 487	
説明する せつめい	48	説 362	明 133
狭い せま	39	狭 304	
世話をする せわ	48	世 237	話 97
洗濯する せんたく	46	洗 284	濯 291
全部 ぜんぶ	29	全 400	部 210

[そ]

育てる そだ	38	育 479	
卒業する そつぎょう	31	卒 398	業 445
祖父 そふ	41	祖 337	父 74
祖母 そぼ	41	祖 337	母 75
空 そら	32	空 426	

[た]

～台 だい	24	台 460	
～代 だい	39	代 257	
大切な たいせつ	23	大 64	切 114
台所 だいどころ	27	台 460	所 387
台風 たいふう	39	台 460	風 514
大変な たいへん	38	大 64	変 464
倒れる たお	39	倒 264	
正しい ただ	35	正 236	
建てる た	27	建 194	
楽しみ たの	35	楽 186	
頼む たの	37	頼 393	
卵 たまご	38	卵 251	
足りる た	23	足 165	
男性 だんせい	47	男 90	性 300

[ち]

小さな ちい	38	小 65	
違う ちが	36	違 507	
力 ちから	28	力 221	
～中 ちゅう	33	中 34	
注意する ちゅうい	37	注 282	意 217
駐車場 ちゅうしゃじょう	26	駐 378	車 58　場 292

[つ]

疲れる つか	49	疲 494	
月 つき	32	月 2	
次(の) つぎ	40	次 253	
机 つくえ	30	机 326	
都合 つごう	40	都 385	合 399
伝える つた	33	伝 258	
続く つづ	32	続 355	
続ける つづ	32	続 355	
包む つつ	42	包 430	
勤める つと	49	勤 381	
妻 つま	29	妻 462	
冷たい つめ	30	冷 254	
連れて～ つ	31	連 503	

[て]

出口 でぐち	33	出 129	口 163
手伝う てつだ	34	手 77	伝 258
手袋 てぶくろ	41	手 77	袋 483
寺 てら	37	寺 419	
点 てん	45	点 474	
天気予報 てんきよほう	47	天 219	気 147
		予 229	報 377

[と]

道具 どうぐ	27	道192 具438
動物園 どうぶつえん	31	動61 物84 園513
遠い とお	26	遠506
通る とお	39	通502
特に とく	25	特325
特別な とくべつ	36	特325 別382
所 ところ	46	所387
途中で とちゅう	39	途501 中34
特急 とっきゅう	25	特325 急406
届ける とど	48	届492
止まる と	33	止126
泊まる と	49	泊275
鳥 とり	27	鳥518
取り替える と か	41	取365 替470
取る と	41	取365

[な]

直す なお	32	直401
直る なお	32	直401
治る なお	32	治280
泣く な	44	泣276
亡くなる な	38	亡235
投げる な	33	投315
並ぶ なら	39	並245
並べる なら	39	並245
慣れる な	36	慣302

[に]

苦い にが	34	苦407
日記 にっき	36	日1 記360
荷物 にもつ	33	荷409 物84
入院する にゅういん	38	入128 院196
入学する にゅうがく	31	入128 学25
庭 にわ	47	庭489
人形 にんぎょう	30	人36 形386

[ね]

熱 ねつ	28	熱475
熱心な ねっしん	28	熱475 心231
眠い ねむ	28	眠344

[の]

残る のこ	31	残339
登る のぼ	32	登452
乗り換える の か	34	乗199 換322

[は]

葉 は	35	葉412
歯 は	36	歯431
場合 ばあい	45	場292 合399
～倍 ばい	44	倍261
拝見する はいけん	50	拝317 見96
灰皿 はいざら	49	灰485 皿240
歯医者 はいしゃ	36	歯431 医31 者32
箱 はこ	30	箱449
運ぶ はこ	38	運198
橋 はし	38	橋332
始まる はじ	31	始306
初めて はじ	40	初347
初めに はじ	40	初347
始める はじ	24	始306

走る _{はし}	27	走420
恥ずかしい _は	39	恥366
働く _{はたら}	45	働265
発音 _{はつおん}	41	発451 音185
花見 _{はなみ}	23	花122 見96
速い _{はや}	45	速500
払う _{はら}	43	払313
〜番 _{ばん}	34	番477
番号 _{ばんごう}	34	番477 号417

[ひ]

日 _ひ	23	日1
火 _ひ	43	火3
引き出し _{ひ だ}	30	引305 出129
引く _ひ	30	引305
低い _{ひく}	36	低260
飛行機 _{ひこうき}	31	飛252 行50 機333
久しぶり _{ひさ}	48	久223
必要な _{ひつよう}	40	必232 要463
開く _{ひら}	27	開214
昼間 _{ひるま}	27	昼39 間86
拾う _{ひろ}	35	拾319

[ふ]

増える _ふ	43	増294
吹く _ふ	47	吹309
復習する _{ふくしゅう}	30	復272 習119
普通 _{ふつう}	31	普469 通502
太い _{ふと}	36	太226
太る _{ふと}	36	太226
船 _{ふね}	37	船358

不便な _{ふべん}	25	不230 便144
文化 _{ぶんか}	42	文396 化255
文学 _{ぶんがく}	47	文396 学25
文法 _{ぶんぽう}	41	文396 法279

[へ]

〜辺 _{へん}	29	辺497
返事 _{へんじ}	40	返498 事154
変な _{へん}	43	変464

[ほ]

貿易 _{ぼうえき}	49	貿484 易433
帽子 _{ぼうし}	26	帽323 子76
放送する _{ほうそう}	50	放338 送113
法律 _{ほうりつ}	42	法279 律271
星 _{ほし}	32	星434
欲しい _ほ	26	欲388
細い _{ほそ}	34	細351
〜本 _{ほん／ぽん／ぼん}	40	本33

[ま]

〜枚 _{まい}	43	枚328
参る _{まい}	50	参249
曲がる _ま	33	曲243
負ける _ま	32	負405
間に合う _{ま あ}	40	間86 合399

[み]

見える _み	27	見96
磨く _{みが}	34	磨490
見つかる _み	34	見96

見つける	34	見 96
緑	35	緑 356
皆さん	45	皆 476
港	35	港 289
耳	36	耳 244

[む]

迎える	43	迎 499
昔	27	昔 468
向こう	35	向 515
難しい	38	難 392
息子(さん)	48	息 473 子 76
娘(さん)	48	娘 307
村	35	村 327
無理な	38	無 455 理 162

[め]

～目	33	目 164
召し上がる	49	召 459 上 72
珍しい	35	珍 341

[も]

申す	50	申 246
戻る	32	戻 493
問題	24	問 516 題 510

[や]

焼く	46	焼 324
役に立つ	27	役 268 立 125
焼ける	46	焼 324
野菜	36	野 371 菜 411

| 優しい | 28 | 優 267 |
| 易しい | 38 | 易 433 |

[ゆ]

湯	26	湯 290
夕方	32	夕 222 方 176
雪	32	雪 453
輸出する	37	輸 368 出 129
夢	27	夢 413

[よ]

用意する	45	用 241 意 217
用事	24	用 241 事 154
洋服	25	洋 283 服 183
横	26	横 331
汚れる	29	汚 273
予習する	30	予 229 習 119
予定	30	予 229 定 424
呼ぶ	37	呼 310
予約する	30	予 229 約 350
寄る	49	寄 427
弱い	36	弱 250

[り]

理由	44	理 162 由 239
留学生	48	留 478 学 25 生 26
両親	50	両 238 親 148
利用する	37	利 145 用 241
旅館	49	旅 117 館 178

［れ］

練習する _{れんしゅう}	45	練357	習119
連絡する _{れんらく}	45	連503	絡353

［わ］

若い _{わか}	36	若408	
沸かす _わ	42	沸278	
別れる _{わか}	47	別382	
忘れ物 _{わす もの}	29	忘471	物84
忘れる _{わす}	29	忘471	
私 _{わたし}	50	私345	
渡す _{わた}	46	渡288	
渡る _{わた}	46	渡288	
笑う _{わら}	44	笑446	
割れる _わ	29	割383	

학습 한자 부수 색인

囗

力	221
夕	222
久	223
工	224
甘	225
太	226
牛	227
片	228
予	229
不	230
心	231
必	232
米	233
以	234
亡	235
正	236
世	237
両	238
由	239
皿	240
用	241
冊	242
曲	243
耳	244
並	245
申	246
果	247
式	248
参	249
弱	250
卵	251
飛	252

冫

次	253
冷	254

亻

休	47
何	49
借	116
使	131
作	132
便	144
仕	153
住	181
体	197
化	255
付	256
代	257
伝	258
伺	259
低	260
倍	261
個	262
側	263
倒	264
働	265
億	266
優	267

彳

後	46
行	50
待	124
役	268
彼	269
徒	270
律	271
復	272

氵

酒	104
漢	174
海	208
汚	273
決	274
泊	275
泣	276
泳	277
沸	278
法	279
治	280
活	281
注	282
洋	283
洗	284
消	285
涼	286
済	287
渡	288
港	289
湯	290
濯	291

土

地	151
場	292
塩	293
増	294

阝

降	167
院	196
険	295
隅	296
階	297
際	298

忄

忙	299
性	300

忄	扌	衤	目
怖 301	投 315	社 29	眠 344
慣 302	押 316	祝 335	
	拝 317	神 336	禾
爿	招 318	祖 337	利 145
将 303	拾 319		秋 190
	捨 320	方	私 345
犭	掛 321	旅 117	科 346
狭 304	換 322	族 202	
		放 338	衤
弓	巾		初 347
引 305	帽 323	歹	
		残 339	石
女	火	死 340	研 348
好 78	焼 324		
姉 206		王	矛
妹 207	牛	理 162	務 349
始 306	物 84	珍 341	
娘 307	特 325		糸
		日	紙 107
口	木	晩 40	終 170
味 218	校 52	時 41	約 350
吸 308	机 326	映 108	細 351
吹 309	村 327	明 133	経 352
呼 310	枚 328	暗 134	絡 353
咲 311	枝 329	曜 166	絵 354
喫 312	様 330	暖 342	続 355
	横 331		緑 356
扌	橋 332	月	練 357
持 187	機 333	服 183	
払 313	械 334	勝 343	
打 314			

舟	足	し	吹 309
船 358	踊 370		欲 388
舌	里	乳 380	攵
辞 359	野 371	力	教 118
言	酉	動 61	枚 328
読 95	配 372	働 265	放 338
話 97		勤 381	政 389
語 112	車		散 390
計 209	朝 38	刂	
記 360	乾 373	利 145	受
試 361	青	別 382	役 268
説 362	静 374	割 383	投 315
調 363	食		段 391
議 364	飲 83	阝	隹
	館 178	部 210	難 392
耳	飯 375	郊 384	頁
取 365		都 385	頼 393
恥 366	革	彡	頭 394
	靴 376	形 386	顔 395
貝	幸	斤	
贈 367	報 377	新 66	
車	馬	所 387	亠
転 60	駅 56	欠	六 16
軽 142	駐 378	飲 83	高 62
輸 368	験 379	歌 216	立 125
角		次 253	京 159
触 369			夜 160

方 176	苦 407	宀	目
文 396	若 408	安 63	具 438
交 397	荷 409	寝 169	
卒 398	菓 410	字 175	四
	菜 411	家 200	買 98
入	葉 412	室 212	置 439
金 6	夢 413	窓 213	
会 28	落 414		田
今 37	薄 415	宅 423	男 90
食 82	薬 416	定 424	思 168
合 399		究 425	界 440
全 400	口	空 426	
	員 30	寄 427	立
十	兄 203	宿 428	音 185
古 67	足 165	寒 429	意 217
真 106	号 417		辛 441
南 157	品 418	勹	産 442
直 401		包 430	
	土		䘔
𠂉	去 54	止	学 25
魚 81	赤 70	歩 123	覚 443
色 402	寺 419	歯 431	
危 403	走 420	歳 432	爫
角 404			受 444
負 405	士	日	
急 406	声 421	早 143	业
		易 433	業 445
艹	山	星 434	
茶 103	岸 422	景 435	𥫗
英 111		最 436	笑 446
花 122		暑 437	答 447

| 符 | 448 |
| 箱 | 449 |

所
| 質 | 450 |

癶
| 発 | 451 |
| 登 | 452 |

雨
電	57
雪	453
震	454

無
| 無 | 455 |
| 舞 | 456 |

力
| 男 | 90 |
| 勢 | 457 |

口
古	67
右	87
名	150
石	458
召	459

| 台 | 460 |
| 君 | 461 |

女
安	63
妻	462
要	463

夂
| 夏 | 189 |
| 変 | 464 |

友
| 髪 | 465 |

木
楽	186
薬	416
柔	466
集	467

日
者	32
書	93
音	185
春	188
昔	468
普	469
替	470

心
悪	140
思	168
窓	213
意	217
忘	471
念	472
息	473

灬
黒	71
無	455
点	474
熱	475

白
| 習 | 119 |
| 皆 | 476 |

田
| 番 | 477 |
| 留 | 478 |

月
| 青 | 68 |
| 育 | 479 |

示
| 祭 | 480 |

衣
| 表 | 481 |

衤
| 製 | 482 |
| 袋 | 483 |

貝
員	30
買	98
貸	115
負	405
質	450
貿	484

厂
| 灰 | 485 |
| 厚 | 486 |

广
店	110
広	135
度	182
席	487
座	488
庭	489
磨	490

冫
　存　491

尸
　昼　39
　屋　211
届　492

戸
　戻　493

疒
　病　195
疲　494
痛　495

辶
　週　53
　近　85
　達　102
　送　113
　道　192
　運　198
込　496
辺　497
返　498
迎　499
速　500
途　501
　通　502
　連　503
　過　504
　遅　505
　遠　506
　違　507
　選　508
　遊　509

是
題　510

口
　国　35
　図　177
　困　511
　回　512
　園　513

几
　風　514

冂
　向　515

門
　間　86
　聞　94
　開　214
　閉　215
問　516

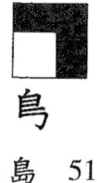
鳥
島　517
鳥　518

학습 한자 리스트

日1	月2	火3	水4	木5	金6	土7	山8	川9	田10	一11	二12	三13	四14	五15	六16
七17	八18	九19	十20	百21	千22	万23	円24	学25	生26	先27	会28	社29	員30	医31	者32
本33	中34	国35	人36	今37	朝38	昼39	晩40	時41	分42	半43	午44	前45	後46	休47	毎48
何49	行50	来51	校52	週53	去54	年55	駅56	電57	車58	自59	転60	動61	高62	安63	大64
小65	新66	古67	青68	白69	赤70	黒71	上72	下73	父74	母75	子76	手77	好78	主79	肉80
魚81	食82	飲83	物84	近85	間86	右87	左88	外89	男90	女91	犬92	書93	聞94	読95	見96
話97	買98	起99	帰100	友101	達102	茶103	酒104	写105	真106	紙107	映108	画109	店110	英111	語112
送113	切114	貸115	借116	旅117	教118	習119	勉120	強121	花122	歩123	待124	立125	止126	雨127	入128
出129	売130	使131	作132	明133	暗134	広135	多136	少137	長138	短139	悪140	重141	軽142	早143	便144
利145	元146	気147	親148	有149	名150	地151	鉄152	仕153	事154	東155	西156	南157	北158	京159	夜160
料161	理162	口163	目164	足165	曜166	降167	思168	寝169	終170	言171	知172	同173	漢174	字175	方176
図177	館178	銀179	町180	住181	度182	服183	着184	音185	楽186	持187	春188	夏189	秋190	冬191	道192
堂193	建194	病195	院196	体197	運198	乗199	家200	内201	族202	兄203	弟204	奥205	姉206	妹207	海208

209	210	211	212	213	214	215	216	217	218	219	220	221	222	223	224
計	部	屋	室	窓	開	閉	歌	意	味	天	考	力	夕	久	工

225	226	227	228	229	230	231	232	233	234	235	236	237	238	239	240
甘	太	牛	片	予	不	心	必	米	以	亡	正	世	両	由	皿

241	242	243	244	245	246	247	248	249	250	251	252	253	254	255	256
用	冊	曲	耳	並	申	果	式	参	弱	卵	飛	次	冷	化	付

257	258	259	260	261	262	263	264	265	266	267	268	269	270	271	272
代	伝	伺	低	倍	個	側	倒	働	億	優	役	彼	徒	律	復

273	274	275	276	277	278	279	280	281	282	283	284	285	286	287	288
汚	決	泊	泣	泳	沸	法	治	活	注	洋	洗	消	涼	済	渡

289	290	291	292	293	294	295	296	297	298	299	300	301	302	303	304
港	湯	濯	場	塩	増	険	隅	階	際	忙	性	怖	慣	将	狭

305	306	307	308	309	310	311	312	313	314	315	316	317	318	319	320
引	始	娘	吸	吹	呼	咲	喫	払	打	投	押	拝	招	拾	捨

321	322	323	324	325	326	327	328	329	330	331	332	333	334	335	336
掛	換	帽	焼	特	机	村	枚	枝	様	横	橋	機	械	祝	神

337	338	339	340	341	342	343	344	345	346	347	348	349	350	351	352
祖	放	残	死	珍	暖	勝	眠	私	科	初	研	務	約	細	経

353	354	355	356	357	358	359	360	361	362	363	364	365	366	367	368
絡	絵	続	緑	練	船	辞	記	試	説	調	議	取	恥	贈	輸

369	370	371	372	373	374	375	376	377	378	379	380	381	382	383	384
触	踊	野	配	乾	静	飯	靴	報	駐	験	乳	勤	別	割	郊

385	386	387	388	389	390	391	392	393	394	395	396	397	398	399	400
都	形	所	欲	政	散	段	難	頼	頭	顔	文	交	卒	合	全

401	402	403	404	405	406	407	408	409	410	411	412	413	414	415	416
直	色	危	角	負	急	苦	若	荷	菓	菜	葉	夢	落	薄	薬

417	418	419	420	421	422	423	424	425	426	427	428	429	430	431	432
号	品	寺	走	声	岸	宅	定	究	空	寄	宿	寒	包	歯	歳

易 433	星 434	景 435	最 436	暑 437	具 438	置 439	界 440	辛 441	産 442	覚 443	受 444	業 445	笑 446	答 447	符 448

箱 449	質 450	発 451	登 452	雪 453	震 454	無 455	舞 456	勢 457	石 458	召 459	台 460	君 461	妻 462	要 463	変 464

髪 465	柔 466	集 467	昔 468	普 469	替 470	忘 471	念 472	息 473	点 474	熱 475	皆 476	番 477	留 478	育 479	祭 480

表 481	製 482	袋 483	貿 484	灰 485	厚 486	席 487	座 488	庭 489	磨 490	存 491	届 492	戻 493	疲 494	痛 495	込 496

辺 497	返 498	迎 499	速 500	途 501	通 502	連 503	過 504	遅 505	遠 506	違 507	選 508	遊 509	題 510	困 511	回 512

園 513	風 514	向 515	問 516	島 517	鳥 518

拝	参	伺	申
317	249	259	246

6 今日は私の留学経験をお話ししたいと思います。
　きょう　　りゅうがくけいけん　　はな　　　　　　おも

7 山火事の様子がテレビで放送されました。
　やまかじ　ようす　　　　　　ほうそう

8 大⁺江先生がお書きになった本を拝見しました。
　おお　えせんせい　　か　　　　　ほん　はいけん

9 国から両親が参りますので、休ませていただけませんか。
　くに　　りょうしん　まい　　　　　　やす

10 私、ミラーと申しますが、松本部長はいらっしゃいますか。
　わたし　　　　もう　　　　　まつもとぶちょう

11 心が優しい人が好きです。
　こころ　やさ　　ひと　す

12 最初にスピーチをするのはお世話になった大学の先生です。
　さいしょ　　　　　　　　　　せわ　　　　　だいがく　せんせい

13 式の最後に両親に花を贈ります。
　しき　さいご　りょうしん　はな　おく

14 来月は無理です。さ来月にしてください。
　らいげつ　むり　　　　らいげつ

III 쓱쓱 쓰는 법 익히기

宅	丶	丶	宀	宁	宅	宅			
段	丶	亻	仨	仨	阝	阝	卧	段	段
両	一	丆	丙	币	両	両			
私	丿	二	千	禾	禾	私	私		
郊	丶	亠	宀	六	亣	交	交′	郊′	郊
放	丶	亠	方	方	方	於	扩	放	
拝	一	十	扌	扩	扌	扌	拝	拝	
参	乙	厶	厽	余	矢	矢	参	参	
伺	丿	亻	仃	何	何	伺	伺		
申	丨	冂	日	日	申				

척척 한자 박사

| 연습 | 왼쪽의 모양이 다른 한자는 어느 것인가요?

1 a. 私   b. 郊   c. 秋   d. 利
2 a. 放   b. 段   c. 旅
3 a. 拝   b. 払   c. 持   d. 伺   e. 投

| 읽기 |

お宅拝見

　皆様こんにちは。ＭＨＫ、社長の**お宅拝見**の時間です。今日は東西貿易の
とうざい
南社長の**お宅**を**拝見**します。
　ここは、東京の**郊外**の静かな町です。緑も多くて、空気もいい所です。あ、
あそこです。建築家のピアノ氏*1が⁺設計した３階建て*2のすてきなお宅です。⁺
けんちくか　　　　　　　し　　　せっけい　　　かいだ
周りの緑とよく合っていますね。雑誌にも⁺紹⁺介されたことがあるそうです
まわ　　　　　　　　　　　　　　　　　　　　しょう かい
よ。さあ、行ってみましょう。
　「**私**、ＭＨＫの北川と**申**します。テレビ**放送**のために、**参**りました。」社長は
90歳のお父様と87歳のお母様とごいっしょに住んでいらっしゃいます。それ
で、ご**両親**のために住みやすい家の⁺設計を、ピアノ氏に頼まれたそうです。
車いす*3でも動けるように、バリアフリー*4にしてあります。ドアも大きい
ですね。**階段**には電気で動くいすがあります。このいすに座って、スイッチ
を入れれば、２**階**へ上がれるんですね。あ、ちょうど、社長のお母様がいらっ
しゃいました。ちょっと、お話を**伺**ってみましょう。「すてきな**お宅**ですね。
いかがですか。」「おかげさまで、毎日自由に動けて、家族といっしょにいられ
るのがうれしいです。家族に**心**から⁺**感**⁺**謝**しております。」
　　　　　　　　　　　　　　　　　　　　　　　　　　　　かん　じゃ

今日の社長の**お宅拝見**、いかがでしたか。

最後に、私、レポーター*⁵のひとこと。

「わたしも、まず、息子を社長にしないと！」

*¹ ピアノ氏　피아노씨　　*² 3階建て　3층 건물　　*³ 車いす　휠체어
*⁴ バリアフリー　배리어 프리(장애자나 고령자를 위한 집 안의 문턱 등 장애물을 없애는 것을 의미한다)
*⁵ レポーター　리포터

한자 달인

| 연습 | 읽는 방법이 같은 한자는 어느 것인가요？

1　交通　　（　こうつう　）　　交 ─┐
　　　　　　　　　　　　　　　　　　├─ 交　（　こう　）
　　郊外　　（　こうがい　）　　郊 ─┘

2　洗濯する　¹⁾（　　　　）　　3)□ ┐
　　　　　　　　　　　　　　　　　　├─ 5)□　　6)（　　　　）
　　先生　　　²⁾（　　　　）　　4)□ ┘

3　放送する　¹⁾（　　　　）　　3)□ ┐
　　　　　　　　　　　　　　　　　　├─ 5)□　　6)（　　　　）
　　右の方　　²⁾（　　　　）　　4)□ ┘

4　生徒　　　¹⁾（　　　　）　　3)□ ┐
　　　　　　　　　　　　　　　　　　├─ 5)□　　6)（　　　　）
　　女性　　　²⁾（　　　　）　　4)□ ┘

---

2. 1) せんたくする　2) せんせい　3) 洗　4) 先　5) 先　6) せん
3. 1) ほうそうする　2) みぎのほう　3) 放　4) 右　5) 右　6) ほう
4. 1) せいと　2) じょせい　3) 生　4) 性　5) 生　6) せい

복습 5 (~lesson50)

I 氵 　泊　泣　沸　洗　涼　済　渡　濯
　　　275　276　278　284　286　287　288　291

1. 日本の経＿＿＿はこれからどうなるのでしょうか。
　　にほん　けい ざい
2. お湯が＿＿＿きました。お茶をいれましょう。
　　ゆ　　　わ　　　　　　ちゃ
3. ＿＿＿しくなりましたね。もう秋ですね。
　　すず　　　　　　　　　　あき
4. いい映画でした。＿＿＿いてしまいました。
　　　　えい が　　　　　　な
5. 今日はいい天気ですから、＿＿＿＿＿＿＿をしましょう。
　　きょう　　　てん き　　　　　せん　たく
6. 昔、この川を歩いて＿＿＿ったそうです。大変だったでしょうね。
　　むかし　　かわ　ある　　わた　　　　　　　　たいへん
7. ＿＿＿まるホテルは予約してありますか。
　　と　　　　　　　　　よ やく

II 艹 　若　菓　菜　薄　薬
　　　　408　410　411　415　416

1. 野＿＿＿は体にいいです。
　　や　さい　からだ
2. A：＿＿＿い先生ですね。 B：ええ、大学を卒業したばかりだそうです。
　　　　わか　せんせい　　　　　　　だいがく　そつぎょう
3. 味が＿＿＿いですね。もう少し塩を入れましょう。
　　あじ　　うす　　　　　　すこ しお　い
4. ＿＿＿を飲んでいるのに、病気が治りません。
　　くすり　の　　　　　　びょう き　なお

III 貝 　負　質　貿
　　　　405　450　484

1. 日本が＿＿＿けたと聞いて、がっかりしました。
　　にほん　　ま　　　　き
2. わたしの会社はイギリスと＿＿＿易をしています。
　　　　　かいしゃ　　　　　　　ぼう えき
3. ＿＿＿問に答えてください。
　　しつ　もん こた

IV 한자를 만들어 보세요.

1. 厂 + 旱 漢字のカードを作ります。＿＿い紙が要ります。
   かんじ　　　　つく　　　　あつ　かみ　い

2. 广 + 坐 このいすに＿＿ってもいいですか。
   すわ

3. 广 + 帝 ミラーさんは今、＿＿を外しています。
   いま　せき　はず

4. 广 + 替 食事の後で、歯を＿＿きます。
   しょくじ　あと　は　みが

5. 广 + 廷 ＿＿で子どもが遊んでいます。いい天気です。
   にわ　こ　　　あそ　　　　てんき

6. 疒 + 皮 ＿＿れましたね。ちょっと休みましょう。
   つか　　　　　　　　やす

7. 疒 + 甬 頭が＿＿いです。今から病院へ行って来ます。
   あたま　いた　　　いま　びょういん　い　き

V 모양이 다르지만 같은 의미의 부수입니다. 아래의 단어 중에서 찾아 보세요.

1. 心 と 忄 心　　忘れる　残念　息子　怖い
   こころ　わす　　ざんねん　むすこ　こわ
   忙しい　男性
   いそが　だんせい

2. 火 と 灬 火　焼く　黒い　熱い　無理な　点
   ひ　や　　くろ　あつ　むり　てん

3. 衣 と 衤 ⁺衣*¹　袋　～製　初めて　*¹옷
   ころも　ふくろ　せい　はじ

4. 刀(刀) と 刂 ⁺刀*²　分ける　切る　初めて　*²칼
   かたな　わ　　き　　はじ
   召し上がる　便利な　特別な
   め　あ　　べんり　とくべつ

Ⅳ. 1. 厚 2. 座 3. 席 4. 磨 5. 庭 6. 疲 7. 痛

Lesson 23 퀴즈

Ⅰ 밑줄 친 한자의 읽는 법을 써 봅시다.

1 何か<u>意見</u>はありませんか。
   なに

2 <u>体</u>に<u>気</u>をつけてください。
   からだ

3 <u>雨</u>の<u>日</u>は<u>暗</u>いです。
   あめ   くら

4 きれいな<u>字</u>ですね。

5 <u>社長</u>はいらっしゃいますか。

6 <u>国</u>を<u>思い出</u>します。
   くに

7 <u>食事</u>に<u>行</u>きませんか。
              い

Ⅱ 읽는 법을 보고 한자로 써 봅시다.

1 ☐りる
   た

2 ☐☐な
   たいせつ

Lesson 24 퀴즈

Ⅰ 밑줄 친 한자의 읽는 법을 써 봅시다.

1 あした、試験があります。

2 何か問題がありますか。
　　なに

3 答えがわかりません。

4 車が２台あります。
　　くるま

5 パーティーを始めましょう。

6 切手を集めています。
　　きって

7 今日は用事がありますから、早く帰りたいです。
　　きょう　　　　　　　　　　　　はや　かえ

Ⅱ 읽는 법을 보고 한자로 써 봅시다.

1 ☐める
　　あつ

2 ☐☐する
　　けんきゅう

Lesson 25 퀴즈

Ⅰ 밑줄 친 한자의 읽는 법을 써 봅시다.

1 何時に昼ご飯を食べますか。
　なんじ　ひる　　　　た

2 お正月は楽しいです。
　　　　　たの

3 世界を旅行したいです。
　　　　りょこう

4 時間がありませんから、急いでください。
　じかん

5 洋服を買います。
　　　　か

6 駅から遠いですから、不便です。
　えき　とお

7 日本料理の中で特にてんぷらが好きです。
　にほんりょうり　なか　　　　　　　す

Ⅱ 읽는 법을 보고 한자로 써 봅시다.

1 売り□
　う　ば

2 □□
　とっきゅう

Lesson 26 퀴즈

Ⅰ 밑줄 친 한자의 읽는 법을 써 봅시다.

1 <u>会議</u>に<u>遅</u>れました。

2 日本語の<u>辞書</u>の<u>使</u>い<u>方</u>を<u>教</u>えてください。
　にほんご　　　　　　つか　かた　おし

3 <u>駐車場</u>に<u>車</u>を<u>止</u>めました。
　　　　　　くるま　と

4 <u>日曜日</u>は<u>柔道</u>をします。
　にちようび

5 デパートで<u>帽子</u>を<u>買</u>いました。
　　　　　　　　　　か

6 ふろに<u>湯</u>を<u>入</u>れます。
　　　　　　　　い

Ⅱ 읽는 법을 보고 한자로 써 봅시다.

1 ☐
　え

2 ☐い
　とお

3 ☐しい
　ほ

Lesson 27 퀴즈

Ⅰ 밑줄 친 한자의 읽는 법을 써 봅시다.

1 景色がいいです。

2 教室で日本語を勉強している夢を見ました。
　きょうしつ　にほんご　　べんきょう　　　　　み

3 いすに座ります。

4 台所で料理を作ります。
　　　　りょうり　つく

5 昔の道具が役に立ちます。

Ⅱ 읽는 법을 보고 한자로 써 봅시다.

1 □
　こえ

2 □ぐ
　およ

3 □る
　はし

Lesson 28 퀴즈

Ⅰ 밑줄 친 한자의 읽는 법을 써 봅시다.

1 アメリカと<u>日本</u>では<u>習慣</u>が<u>違</u>います。
　　　にほん　　　　　　　　　ちが

2 きのう、<u>日本</u>の<u>小説</u>を<u>読</u>みました。
　　　　にほん　　　　　　よ

3 <u>日本</u>でいろいろな<u>仕事</u>を<u>経験</u>しました。
　にほん　　　　　　しごと

4 <u>将来</u>は<u>医者</u>になりたいです。
　　　　　いしゃ

5 <u>自転車</u>で<u>学校</u>に<u>通</u>います。
　じてんしゃ　がっこう

6 <u>田中先生</u>は<u>優</u>しくて、<u>熱心</u>な<u>先生</u>です。
　たなかせんせい　　　　　　　　　　　せんせい

Ⅱ 읽는 법을 보고 한자로 써 봅시다.

1 □
　かたち

2 □い
　ねむ

3 □
　ちから

Lesson 29 퀴즈

Ⅰ 밑줄 친 한자의 읽는 법을 써 봅시다.

1 テープを<u>全部</u><u>聞</u>きました。
　　　　　　　　　き

2 <u>近</u>くの<u>喫茶店</u>でお<u>茶</u>を<u>飲</u>みます。
　　ちか　　　　　　　　　　ちゃ　　の

3 この<u>辺</u>に<u>神社</u>はありませんか。

4 <u>教室</u>に<u>忘れ物</u>がありました。
　　きょうしつ

5 <u>妻</u>と<u>映画</u>に<u>行</u>きます。
　　　　　えいが　い

6 <u>人</u>は<u>右側</u>を<u>歩</u>きます。
　　ひと　みぎ　　　ある

Ⅱ 읽는 법을 보고 한자로 써 봅시다.

1 ☐とす
　 お

2 ☐える
　 き

3 ☐れる
　 よご

Lesson 30 퀴즈

I 밑줄 친 한자의 읽는 법을 써 봅시다.

   1 漢字を<u>復習</u>します。
　　　かんじ

   2 <u>壁</u>に<u>絵</u>を<u>掛</u>けます。
　　　かべ　え

   3 <u>飛行機</u>のチケットを<u>予約</u>します。
　　　ひこうき

   4 <u>机</u>の引き出しの<u>中</u>に<u>彼女</u>の<u>写真</u>があります。
　　　なか　かのじょ　しゃしん

   5 お<u>皿</u>の<u>横</u>にフォークを<u>置</u>きます。
　　　よこ

II 읽는 법을 보고 한자로 써 봅시다.

   1 ☐たい
　　　つめ

   2 ☐☐
　　　よ　てい

Lesson 31 퀴즈

Ⅰ 밑줄 친 한자의 읽는 법을 써 봅시다.

1 <u>飛行機</u>が<u>空港</u>に<u>着</u>きます。
　　　　　　　　　　つ

2 <u>会社</u>の<u>事務所</u>に<u>残</u>って、<u>仕事</u>をします。
　かいしゃ　　　　　　　　　　　しごと

3 あした、<u>動物園</u>へ<u>家族</u>を<u>連</u>れて<u>行</u>きます。
　　　　　　　　　　かぞく　　　　　　い

4 <u>来月</u>、<u>大学</u>の<u>卒業式</u>があります。
　らいげつ　だいがく

Ⅱ 읽는 법을 보고 한자로 써 봅시다.

1 □ける
　う

2 作□
　さくぶん

3 □通
　ふ　つう

Lesson 32 퀴즈

Ⅰ 밑줄 친 한자의 읽는 법을 써 봅시다.

1 今日は風が強いです。
　きょう　　つよ

2 冷たい牛乳が飲みたいです。
　つめ　　　　　の

3 かぜがなかなか治りません。

4 3時ごろ、戻ります。
　 じ

5 今夜は、雪が降るかもしれません。
　　　　　　　ふ

6 最近、とても忙しいです。
　　　　　　いそが

Ⅱ 읽는 법을 보고 한자로 써 봅시다.

1 ☐
　そら

2 ☐く
　つづ

3 ☐
　ほし

Lesson 33 퀴즈

Ⅰ 밑줄 친 한자의 읽는 법을 써 봅시다.

1 <u>入口</u>を<u>入</u>ると、<u>受付</u>があります。
　　　　　はい

2 <u>荷物</u>、<u>持</u>ちましょうか。
　　　　　　も

3 １つ<u>目</u>の<u>角</u>を<u>左</u>へ<u>曲</u>がってください。
　　ひと　め　　　　ひだり

4 ここで、たばこを<u>吸</u>わないでください。

5 １<u>週間</u>以内に<u>返</u>してくださいね。
　　しゅうかん　　かえ

Ⅱ 읽는 법을 보고 한자로 써 봅시다.

1 ☐える
　つた

2 ☐
　せき

3 ☐げる
　な

Lesson 34 퀴즈

Ⅰ 밑줄 친 한자의 읽는 법을 써 봅시다.

1 何か、甘い物が食べたいです。
　なに　　あま　もの　　た

2 今日は用事がありますから、先に帰ります。
　きょう　ようじ　　　　　　さき　かえ

3 いい薬は苦いです。
　　　くすり　にが

4 ご飯を食べたら、すぐ歯を磨きましょう。
　　はん　た　　　　　　は　みが

5 ちょっと、手伝っていただけませんか。
　　　　　　てつだ

6 次の駅で乗り換えてください。
　つぎ　えき　の　か

7 塩はあまり入れないでください。
　しお　　　　い

Ⅱ 읽는 법을 보고 한자로 써 봅시다.

1 ☐い
　から

2 ☐い
　ほそ

3 110☐
　　　ばん

Lesson 35 퀴즈

Ⅰ 밑줄 친 한자의 읽는 법을 써 봅시다.

1 <u>冬休</u>みは<u>南</u>の<u>島</u>へ<u>遊</u>びに<u>行</u>きます。
　ふゆやす　みなみ　　あそ　　い

2 ここは<u>緑</u>が<u>多</u>くて、いいですね。
　　　　みどり　　おお

3 ごみを<u>拾</u>って、ごみ<u>箱</u>に<u>捨</u>ててください。
　　　　ひろ　　　　　ばこ　　す

4 うちの<u>近所</u>においしいパン<u>屋</u>があります。
　　　　きんじょ　　　　　　や

5 ４<u>月</u>から、<u>仕事</u>とが<u>変</u>わります。
　がつ　　　しごと　　か

6 <u>正</u>しい<u>答</u>えはどれですか。
　ただ　　こた

Ⅱ 읽는 법을 보고 한자로 써 봅시다.

1 □
　むら

2 □しい
　めずら

3 □こう
　む

Lesson 36 퀴즈

I 밑줄 친 한자의 읽는 법을 써 봅시다.

1 <u>歯医者</u>へ<u>行</u>かなければなりません。
　　　　　い

2 <u>野菜</u>をたくさん<u>食</u>べましょう。
　　　　　　　　　た

3 <u>今日</u>は<u>特別</u>な<u>日</u>です。
　きょう　　　　　ひ

4 <u>水泳</u>を<u>習</u>っています。
　　　　　なら

5 もう<u>新</u>しい<u>生活</u>に<u>慣</u>れましたか。
　　　あたら　　せいかつ

6 <u>必</u>ず、10<u>時</u>までに<u>来</u>てください。
　　　　　　　じ　　　　き

7 わたしたちの<u>先生</u>は<u>若</u>いです。
　　　　　　　せんせい

II 읽는 법을 보고 한자로 써 봅시다.

1 □ぎる
　す

2 □い
　ふと

3 □
　みみ

Lesson 37 퀴즈

I 밑줄 친 한자의 읽는 법을 써 봅시다.

1 <u>船</u>で<u>旅行</u>したいです。
　　　　りょこう

2 <u>友達</u>をパーティーに<u>招待</u>します。
　　ともだち

3 <u>山田</u>さんに<u>仕事</u>を<u>頼</u>みました。
　　やまだ　　　　しごと

4 <u>危</u>ないですから、<u>機械</u>に<u>触</u>らないでください。
　　あぶ　　　　　　　　　　　　さわ

5 <u>会議</u>はこの<u>部屋</u>で<u>行</u>います。
　　かいぎ　　　へや

6 <u>電気</u>を<u>消</u>してください。
　　でんき

7 <u>日本</u>から<u>世界中</u>の<u>国</u>へ<u>車</u>を<u>輸出</u>しています。
　　にほん　　せかいじゅう　くに　くるま

II 읽는 법을 보고 한자로 써 봅시다.

1 ☐ぶ
　 よ

2 ☐
　 てら

3 ☐
　 こめ

Lesson 38 퀴즈

Ⅰ 밑줄 친 한자의 읽는 법을 써 봅시다.

1 <u>海岸</u>を<u>散歩</u>します。

2 この問題は<u>易しい</u>です。
　　もんだい

3 <u>橋</u>ができました。

4 このノートは1<u>冊</u>150円です。
　　　　　　　　　　えん

5 このシャツは<u>中国製</u>です。
　　　　　　ちゅうごく

6 <u>無理</u>なダイエットは体に悪いです。
　　　　　　　　　　　からだ　わる

Ⅱ 읽는 법을 보고 한자로 써 봅시다.

1 □
　えだ

2 □
　たまご

3 □しい
　むずか

Lesson 39 퀴즈

Ⅰ 밑줄 친 한자의 읽는 법을 써 봅시다.

1 地震で人が6,000人死にました。
   ひと　　　にん

2 困ったなあ。

3 質問に答えられなくて、恥ずかしかったです。
   しつもん

4 ここに並んでください。

5 友達が大勢います。
  ともだち

Ⅱ 읽는 법을 보고 한자로 써 봅시다.

1 電話☐
  でんわ　だい

2 ☐ぬ
  し

3 ☐い
  せま

Lesson 40 퀴즈

I 밑줄 친 한자의 읽는 법을 써 봅시다.

1 <u>土曜日</u>はちょっと<u>都合</u>が<u>悪</u>いです。
　 どようび　　　　　つごう　　わる

2 この<u>紙</u>、どちらが<u>表</u>ですか。
　　　かみ

3 あしたの<u>朝</u>、8<u>時</u>に<u>出発</u>します。
　　　　あさ　　じ

4 このりんごは1<u>個</u>150<u>円</u>です。
　　　　　　　　　　えん

5 ビザは<u>必要</u>ですか。

6 <u>夏休</u>みの<u>予定</u>を<u>考</u>えます。
　 なつやす　　　　　　かんが

7 <u>初</u>めて、すしを<u>食</u>べました。
　　　　　　　　　た

II 읽는 법을 보고 한자로 써 봅시다.

1 間に□う
　ま　あ

2 □□な
　き けん

Lesson 41 퀴즈

Ⅰ 밑줄 친 한자의 읽는 법을 써 봅시다.

1　タイの<u>お菓子</u>をもらいました。

2　<u>病院</u>へ<u>お見舞い</u>に<u>行</u>きます。
　　びょういん　　　　い

3　<u>旅行</u>に<u>行</u>ったら、<u>お土産</u>を<u>買</u>います。
　　りょ こう　い　　　　　　　　　　か

4　<u>秋</u>は<u>果物</u>がおいしいです。
　　あき

5　<u>赤</u>い<u>靴</u>が欲しいです。
　　あか　ほ

6　<u>祖母</u>は<u>料理</u>が<u>好</u>きです。
　　　　　りょう り　す

7　どこかに<u>手袋</u>を<u>忘</u>れてしまいました。
　　　　　　　　　　わす

Ⅱ 읽는 법을 보고 한자로 써 봅시다.

1　お☐い
　　いわ

2　☐り☐える
　　と　　か

Lesson 42 퀴즈

Ⅰ 밑줄 친 한자의 읽는 법을 써 봅시다.

1 <u>経済</u>の<u>本</u>は<u>難</u>しいです。
　　　　　ほん　むずか

2 <u>友達</u>と<u>政治</u>について<u>話</u>します。
　ともだち　　　　　　　　はな

3 <u>法律</u>を<u>作</u>ります。
　　　　　　つく

4 <u>国際電話</u>をかけます。
　　　　でんわ

5 もう<u>少</u>し<u>厚</u>い<u>紙</u>はありませんか。
　　　すこ　　　　かみ

6 ふろを<u>沸</u>かします。

7 <u>文化</u>や<u>習慣</u>が<u>違</u>っても、みんな<u>友達</u>です。
　　　　　しゅうかん　ちが　　　　　　ともだち

Ⅱ 읽는 법을 보고 한자로 써 봅시다.

1 ☐
　いし

2 ☐い
　うす

3 ☐む
　つつ

Lesson 43 퀴즈

Ⅰ 밑줄 친 한자의 읽는 법을 써 봅시다.

1　20枚コピーしてください。

2　暑い日は冷たいビールがおいしいです。
　　ひ　　つめ

3　今年の冬は寒いです。
　ことし　ふゆ

4　部屋の中は暖かいです。
　　へや　なか

5　切符を買います。
　　　　か

6　赤い花が咲いています。
　あか　はな

7　駅まで友達を迎えに行きます。
　えき　ともだち　　　　い

Ⅱ 읽는 법을 보고 한자로 써 봅시다.

1　□う
　　はら

2　□える
　　ふ

3　□しい
　　すず

Lesson 44 퀴즈

I 밑줄 친 한자의 읽는 법을 써 봅시다.

1 <u>最近</u>、<u>父</u>の<u>髪</u>が<u>白</u>くなりました。
   さいきん　ちち　　　　　しろ

2 <u>帽子</u>をかぶっていたので、<u>顔</u>がよく<u>見</u>えませんでした。
   ぼうし　　　　　　　　　　かお　　　み

3 <u>写真</u>のサイズを２<u>倍</u>にしてください。
   しゃしん

4 クラスを<u>休</u>むときは、<u>理由</u>を<u>言</u>って、<u>先生</u>の<u>許可</u>をもらってください。
   　　　　　やす　　　　　り　ゆう　　い　　　　　せんせい　　きょか

5 <u>布団</u>は<u>押</u>し<u>入</u>れに<u>入</u>っています。
   ふとん　　お　　い　　　　はい

6 <u>細</u>かいお<u>金</u>がなかったので、バスで<u>困</u>りました。
   こま　　　　かね　　　　　　　　　　　こま

7 <u>子</u>どもの<u>安全</u>のために、<u>毎日</u>、<u>学校</u>へ<u>送</u>って<u>行</u>きます。
   こ　　　　あんぜん　　　　　まいにち　がっこう　おく　　　い

II 읽는 법을 보고 한자로 써 봅시다.

1 □い
   いた

2 □く
   な

3 □気
   くう

Lesson 45 퀴즈

Ⅰ 밑줄 친 한자의 읽는 법을 써 봅시다.

1 <u>残念</u>ですが、<u>雨</u>でテニスの<u>試合</u>を<u>中止</u>します。
　　あめ　　　　しあい　ちゅうし

2 <u>弟</u>は<u>走</u>るのが<u>速</u>いです。
　おとうと　はし

3 もうクリスマスの<u>贈</u>り<u>物</u>を<u>用意</u>しました。

4 <u>兄</u>は<u>病院</u>で<u>働</u>いています。
　あに　びょういん

5 <u>試験</u>の<u>点</u>が<u>悪</u>くて、がっかりしました。
　しけん　　　　わる

6 テニスの<u>練習</u>は5<u>時</u>からです。
　　　　　　　　　　　じ

Ⅱ 읽는 법을 보고 한자로 써 봅시다.

1 ☐える
　おぼ

2 ☐さん
　みな

3 ☐い
　おそ

Lesson 46 퀴즈

Ⅰ 밑줄 친 한자의 읽는 법을 써 봅시다.

1 父は洗濯するのが好きです。
　ちち　せんたく　　　　す

2 サッカーの試合を見に行きます。
　　　　　しあい　み　い

3 先生は留学生の国際会議に出席します。
　せんせい　りゅうがくせい　こくさいかいぎ　しゅっせき

4 このメモを田中さんに渡してください。
　　　　　　たなか　　わた

5 最近、パソコンの具合が悪いです。
　さいきん　　　　　ぐあい　わる

6 お手洗いはどちらですか。
　　てあら

7 スイッチはドアの所です。
　　　　　　　　ところ

Ⅱ 읽는 법을 보고 한자로 써 봅시다.

1 □く
　かわ

2 □く
　や

3 □
　くすり

Lesson 47 퀴즈

Ⅰ 밑줄 친 한자의 읽는 법을 써 봅시다.

1 京都のお祭りを見に行きます。
　きょうと　　　　　　み　い

2 科学の本を読みました。
　　　　　ほん　よ

3 天気予報によると、午後から雪が降るそうです。
　　　　　　　　　　ごご　　　ゆき　ふ

4 駅で彼女と別れました。
　えき　かのじょ

5 弟は医学を勉強しています。
　おとうと　　　　べんきょう

6 30歳になったら、自分の会社を作ります。
　　　　　　　　　じぶん　かいしゃ　つく

7 10時にロビーに集まってください。
　　　じ

Ⅱ 읽는 법을 보고 한자로 써 봅시다.

1 風が □ く
　かぜ　ふ

2 女 □
　じょせい

3 □ い
　こわ

Lesson 48 퀴즈

Ⅰ 밑줄 친 한자의 읽는 법을 써 봅시다.

1 <u>息子</u>に<u>赤</u>ちゃんが<u>生</u>まれました。
　　　　　　あか　　　　　う

2 彼はタイから<u>来</u>た<u>留学生</u>です。
　かれ　　　　　き　りゅうがくせい

3 <u>試験</u>について<u>説明</u>します。
　しけん　　　　　せつめい

4 <u>病気</u>の<u>人</u>の<u>世話</u>をするのは<u>大変</u>です。
　びょうき　ひと　せわ　　　　　　たいへん

5 <u>田中</u>君、ちょっと<u>来</u>て。
　たなか　　　　　　　き

6 ここは<u>中学校</u>の<u>生徒</u>がよく<u>通</u>る<u>道</u>です。
　　　　ちゅうがっこう　せいと　　　　とお　みち

7 <u>久</u>しぶりですね。お<u>元気</u>ですか。
　ひさ　　　　　　　　　げんき

Ⅱ 읽는 법을 보고 한자로 써 봅시다.

1 ☐しい
　いそが

2 ☐ぶ
　あそ

3 ☐ける
　とど

Lesson 49 퀴즈

Ⅰ 밑줄 친 한자의 읽는 법을 써 봅시다.

1 兄は貿易会社に勤めています。
  あに がいしゃ

2 食堂は2階です。
  しょくどう

3 部長はあの方をご存じですか。
  ぶちょう かた

4 こちらは田中先生の奥様です。
  たなかせんせい

5 日本へ行ったら、旅館に泊まりたいです。
  にほん い

Ⅱ 읽는 법을 보고 한자로 써 봅시다.

1 歯医者に □る
  はいしゃ よ

2 □れる
  つか

3 □し上がる
  め あ

Lesson 50 퀴즈

Ⅰ 밑줄 친 한자의 읽는 법을 써 봅시다.

1 <u>両親</u>の<u>家</u>は<u>郊外</u>の<u>静</u>かな<u>所</u>にあります。
　　りょうしん　いえ　こうがい　しず　ところ

2 そのニュースは<u>世界中</u>に<u>放送</u>されました。
　　　　　　　せかいじゅう　ほうそう

3 <u>先生</u>のお<u>書</u>きになった<u>本</u>を<u>拝見</u>しました。
　せんせい　か　ほん　はいけん

4 あした、10<u>時</u>に<u>伺</u>います。
　　　　　　じ　うかが

5 <u>田中</u>と<u>申</u>します。
　たなか　もう

6 あした9<u>時</u>に<u>参</u>ります。
　　　　じ　まい

Ⅱ 읽는 법을 보고 한자로 써 봅시다.

1 □
　わたくし

2 □後に
　さい　ご

3 階□
　かい　だん

퀴즈 해답

퀴즈 23
Ⅰ. 1 いけん　2 き　3 ひ　4 じ
　　5 しゃちょう　6 おもいだし
　　7 しょくじ
Ⅱ. 1 足　2 大切

퀴즈 24
Ⅰ. 1 しけん　2 もんだい　3 こたえ
　　4 だい　5 はじめ　6 あつめて
　　7 ようじ
Ⅱ. 1 集　2 研究

퀴즈 25
Ⅰ. 1 ごはん　2 おしょうがつ　3 せかい
　　4 いそいで　5 ようふく　6 ふべん
　　7 とくに
Ⅱ. 1 場　2 特急

퀴즈 26
Ⅰ. 1 かいぎ、おくれ　2 じしょ
　　3 ちゅうしゃじょう　4 じゅうどう
　　5 ぼうし　6 ゆ
Ⅱ. 1 絵　2 遠　3 欲

퀴즈 27
Ⅰ. 1 けしき　2 ゆめ　3 すわり
　　4 だいどころ
　　5 むかし、どうぐ、やくにたち
Ⅱ. 1 声　2 泳　3 走

퀴즈 28
Ⅰ. 1 しゅうかん　2 しょうせつ
　　3 けいけんし　4 しょうらい
　　5 かよい　6 やさしくて、ねっしんな
Ⅱ. 1 形　2 眠　3 力

퀴즈 29
Ⅰ. 1 ぜんぶ　2 きっさてん
　　3 へん、じんじゃ　4 わすれもの
　　5 つま　6 がわ
Ⅱ. 1 落　2 消　3 汚

퀴즈 30
Ⅰ. 1 ふくしゅうし　2 かけ　3 よやくし
　　4 つくえ、ひきだし　5 おさら、おき
Ⅱ. 1 冷　2 予定

퀴즈 31
Ⅰ. 1 ひこうき、くうこう
　　2 じむしょ、のこって
　　3 どうぶつえん、つれて
　　4 そつぎょうしき
Ⅱ. 1 受　2 文　3 普

퀴즈 32
Ⅰ. 1 かぜ　2 ぎゅうにゅう　3 なおり
　　4 もどり　5 こんや、ゆき
　　6 さいきん
Ⅱ. 1 空　2 続　3 星

퀴즈 33
I. 1 いりぐち、うけつけ　2 にもつ
　　3 かど、まがって　4 すわ　5 いない
II. 1 伝　2 席　3 投

퀴즈 34
I. 1 あまい　2 さきに　3 にがい
　　4 みがき　5 てつだって
　　6 のりかえて　7 しお
II. 1 辛　2 細　3 番

퀴즈 35
I. 1 しま　2 みどり　3 ひろって、すてて
　　4 きんじょ　5 かわり　6 ただしい
II. 1 村　2 珍　3 向

퀴즈 36
I. 1 はいしゃ　2 やさい　3 とくべつな
　　4 すいえい　5 なれ　6 かならず
　　7 わかい
II. 1 過　2 太　3 耳

퀴즈 37
I. 1 ふね　2 しょうたいし　3 たのみ
　　4 きかい　5 おこない　6 けして
　　7 ゆしゅつして
II. 1 呼　2 寺　3 米

퀴즈 38
I. 1 かいがん、さんぽし　2 やさしい
　　3 はし　4 さつ　5 せい　6 むりな
II. 1 枝　2 卵　3 難

퀴즈 39
I. 1 じしん、しに　2 こまった
　　3 こたえられ、はずかしかった
　　4 ならんで　5 おおぜい
II. 1 代　2 死　3 狭

퀴즈 40
I. 1 つごう　2 おもて　3 しゅっぱつし
　　4 こ　5 ひつよう　6 よてい
　　7 はじめて
II. 1 合　2 危険

퀴즈 41
I. 1 おかし　2 おみまい　3 おみやげ
　　4 くだもの　5 くつ　6 そぼ
　　7 てぶくろ
II. 1 祝　2 取、替

퀴즈 42
I. 1 けいざい　2 せいじ　3 ほうりつ
　　4 こくさい　5 あつい　6 わかし
　　7 ぶんか
II. 1 石　2 薄　3 包

퀴즈 43
I. 1 まい 2 あつい 3 さむい
　 4 あたたかい 5 きっぷ 6 さいて
　 7 むかえ
II. 1 払 2 増 3 涼

퀴즈 44
I. 1 かみ 2 かお 3 ばい 4 りゆう
　 5 おしいれ 6 こまかい 7 あんぜん
II. 1 痛 2 泣 3 空

퀴즈 45
I. 1 ざんねん 2 はやい
　 3 おくりもの、よういし
　 4 はたらいて 5 てん
　 6 れんしゅう
II. 1 覚 2 皆 3 遅

퀴즈 46
I. 1 せんたくする 2 しあい
　 3 しゅっせきし 4 わたして
　 5 ぐあい 6 おてあらい 7 ところ
II. 1 乾 2 焼 3 薬

퀴즈 47
I. 1 おまつり 2 かがく
　 3 てんきよほう 4 わかれ
　 5 いがく 6 さい
　 7 あつまって
II. 1 吹 2 性 3 怖

퀴즈 48
I. 1 むすこ 2 りゅうがくせい
　 3 せつめいし 4 せわ 5 くん
　 6 せいと 7 ひさしぶり
II. 1 忙 2 遊 3 届

퀴즈 49
I. 1 ぼうえき、つとめて 2 かい
　 3 ごぞんじ 4 おくさま
　 5 りょかん、とまり
II. 1 寄 2 疲 3 召

퀴즈 50
I. 1 りょうしん、こうがい
　 2 ほうそうされ 3 はいけんし
　 4 うかがい 5 もうし 6 まいり
II. 1 私 2 最 3 段

감수자
西口光一   大阪大学留学生センター / 言語文化研究所　教授

저자
新矢麻紀子   大阪産業大学教養部　准教授
古賀千世子   元　神戸大学留学生センター　非常勤講師
             元　松下電器産業株式会社海外研修所　講師
髙田亨   関西学院大学国際教育・協力センター　特別契約准教授
御子神慶子   財団法人海外技術者研修協会　非常勤講師

일러스트
西野昌彦

한국어 번역
강연화

민나노 일본어 기초 한자 ❷

초판발행_ 2009년 10월 15일
1판 2쇄_ 2010년 11월 5일

감수자 _ 西口光一
저자 _ 新矢麻紀子・古賀千世子・髙田亨・御子神慶子
책임편집 _ 이주영・김효주・中原美菜子
표지디자인_ 윤미주
펴낸이_ 엄호열
펴낸곳_ (주)시사일본어사
등록일자_ 1977년 12월 24일
등록번호_ 제300-1977-31호
주소_ 서울 종로구 원남동 13번지
전화_ 1588-1582(교재구입문의) / 02)3671-0572(교재내용문의)
팩스_ 02)3671-0500
홈페이지_ book.japansisa.com
이메일_ tltk@chol.com

ⓒ2006 NISHIGUCHI Koichi, SHIN'YA Makiko, KOGA Chiseko, TAKADA Toru and MIKOGAMI Keiko
PUBLISHED WITH KIND PERMISSION OF 3A CORPORATION, TOKYO, JAPAN

본서는 국내 외의 사용 및 판매를 금하고 있습니다.
本書籍の大韓民国国外での使用及び販売を禁止します。

ISBN 978-89-402-4096-0 13730

* 이 교재의 내용을 사전 허가없이 전재하거나 복재할 경우 법적인 제재를 받게 됨을 알려 드립니다.
* 잘못된 책은 구입하신 서점이나 본사에서 교환해 드립니다.
* 정가는 표지에 표시되어 있습니다.